LA ESCALERA DEL ÉXITO

DANIEL DE LEON

BETANIA

Betania es un sello de Editorial Caribe

© 2001 Editorial Caribe
Una división de Thomas Nelson, Inc.
Nashville, TN—Miami, FL (EE.UU.)

email: editorial@editorialcaribe.com
www.caribebetania.com

ISBN: 0-88113-614-X

Impreso en EE.UU.
Printed in U.S.A.

Contenido

Prólogo

Hace unos momentos terminé la lectura del nuevo libro de Daniel de León. ¡Con qué estilo y sencillez escribe! Daniel es un experto en tomar temas profundos y llenos de verdades eternas y comunicarlos de manera entendible y elegante. La exposición profunda y digerible es un arte que Daniel de León utiliza con destreza.

Tengo el privilegio de conocerlo personalmente, y entiendo que una de las razones por las que comunica con tanta autoridad es que su vida es un reflejo de todo lo que habla y escribe. Si los conceptos que conoceremos en este libro están aquí, es porque Daniel, personalmente, los ha aplicado en su vida y sabe que funcionan. Creo que esa es una de las razones del porqué este libro es tan inspirador. Además está lleno de ilustraciones que sirven para llevar los conceptos de la teoría a la práctica.

La preocupación que tiene Daniel de León de que el pueblo hispano desarrolle todo el potencial que Dios le ha dado es impresionante. Todas sus actividades y los años que ha dedicado al ministerio son una siembra preciosa en la vida de millones de personas, con la meta de ayudarnos a conocer que Dios nos ha creado para triunfar. Podría haberse dedicado a comunicar principios que producirían «logros personales»; pero en lugar de eso, se dedicó a comunicar principios espirituales que producirán el verdadero éxito.

Al escalar juntos cada uno de las peldaños que conoceremos en este libro, mi oración es que podamos seguir llegando a la cima del éxito que Dios ha preparado para cada uno. Aplique estos principios a su vida personal, ministerial, familiar y empresarial, y verá cómo Dios derramará abundancia sobre cada una de sus actividades. Porque más que ser unos buenos pensamientos de hombre, vertidos sobre una hoja de papel, en este libro estudiaremos principios eternos que nacieron en el pensamiento y en el corazón de Dios.

Le estoy agradecido a Daniel por ser un hombre de Dios que nos ha mostrado un camino de excelencia a seguir. A través de las páginas de este libro, nos daremos cuenta un poco más del porqué Dios lo ha bendecido tanto.

¡Adelante hasta la cima!

Marcos Witt
6 de Abril de 2001
Houston, Texas

Introducción

«Escoge tú: una vida llena de pasión o una vida llena de apatía». Estas fueron las palabras que me dijo un profesor cuando yo tenía doce años de edad. Se refería a que yo no estaba ejecutando mis tareas escolares al nivel que el grado demandaba. ¿Por qué me retaba de esta manera? Porque las pruebas que me habían hecho demostraban que era un joven inteligente y capaz de superar ese nivel. Por alguna razón, en esa etapa de mi vida había escogido dirigirme hacia el camino de la apatía. Las palabras de este profesor sirvieron como desafío para que yo empezara a estudiar, a hacer mis tareas y a terminar la escuela secundaria un año más temprano de lo normal.

Helen Keller dijo: «La vida es una aventura o nada». Desgraciadamente, muchas personas se conforman con poco o con nada en lugar de luchar por una vida llena de pasión. Prefieren vender el alma si esto logra la satisfacción de sentirse cómodos y seguros en vez de tomar riesgos y fracasar. Su vida se desarrolla de manera circunstancial y no deliberada, y permiten que la rutina, el cansancio y el aburrimiento les robe esa pasión que impulsa a esperar y a querer más de la vida.

No debería ser así con los que conocen a Dios, porque Jesucristo nos prometió «vida en abundancia» (Juan 10.10). Debemos descubrir aquello que nos impulsa, que llena de pasión nuestra vida, así como también encontrar lo que Dios nos dice en lo más íntimo de nuestro corazón cuando le preguntamos: «¿Señor, que quieres hacer con mi vida?»

Las personas que viven una vida apasionada tienen una vida llena de creatividad, rechazan la apatía y se caracterizan por lo siguiente:

- Son francos. Buscan la motivación y el humor en otros, por lo que les es muy fácil tolerar la ambigüedad. Son personas que piensan y analizan las nuevas ideas, siempre en busca de la verdad.
- Sueñan. Mi buen amigo, el Dr. Cesar Castellanos, de Bogotá, Colombia, pastor de la iglesia que actualmente tiene el mayor crecimiento en Latinoamérica, escribió un libro titulado *Sueña, y ganarás tu mundo*. Las personas que «sueñan» se concentran en lograr lo posible de aquello que parece imposible, sin interesarles que sus ideas puedan sonar descabelladas, costosas o que sean a largo plazo. Siempre oran y todo lo que emprenden es mediante la fe y con la certeza de que el resultado final depende del Señor.
- Resuelven problemas. Tienen la habilidad y el equili-

brio emocional de tomar decisiones sensatas. Se fijan metas, planean y esperan tener éxito en la vida.

- Invierten. Son cuidadosos al invertir su tiempo, dones, talentos, riquezas y energías en proyectos que lo ameritan. Aunque saben administrarse, conocen muy bien la necesidad de sembrar y compartir con otros.
- Marcan sus pasos. Saben que llevar el ritmo de una vida apasionada puede ser agotador. Siempre están dispuestos a moverse con los cambios pero solo si se presentan. Saben que el trayecto es tan importante como llegar a la meta.
- Enfatizan el presente. Alcanzan lo que se proponen al momento y no se conforman con observar, sino que toman parte activa y lo que logran lo hacen con entusiasmo.
- Enfocan el mañana. Si el presente carece de sentido, el mañana no tendrá propósito.

No se conforme con que su vida simplemente «acontezca». Logre que su vida sea apasionada en todos los aspectos de su vida.

En un estudio que realizó el Dr. Thomas T. Peris de la Universidad de Harvard, encontró que las siguientes características eran comunes en personas que habían vivido más de cien años:

- En lo espiritual. Todos estaban de acuerdo en que la parte espiritual de su vida era lo esencial o por lo menos lo más importante. Busque lo mismo. Pídale a

Dios que se le revele como Él quiera. No se conforme con servirle únicamente: procure conocerlo tan profundamente que se enamore intensamente de Él y que anhele seguirle a dondequiera que Él le guíe. Aprenda a amar a otros como Él los ama. Esto le dará verdadero sentido a su vida.

- En lo intelectual. Este grupo de más de 150 personas demostró que a lo largo de toda su vida estuvieron participando en actividades que podríamos llamar multidimensionales que las ayudaron a ejercitar diferentes partes de su cerebro. Atrévase usted a hacer lo mismo. Busque conocimientos y sabiduría, razone, estudie, lea libros, discuta, pregunte y acepte que no lo sabe todo y que hay mucho terreno que aún no ha pisado del cual puede aprender mucho.

- En lo emocional. Temprano en sus vidas, estas personas aprendieron a no dejarse dominar por los problemas, a deshacerse de los problemas que les podían causar grandes traumas emocionales y a adaptarse a los cambios que la vida trae. En mi libro *10 secretos para desarrollar tu potencial* escribí que la parte emocional debe disciplinarse pues es parte importante del ser humano. Trate de echar a un lado su búsqueda de la perfección y permita que Dios le enseñe a superar el cansancio físico y el desánimo para poder vivir su vida al máximo. Entréguele a Dios los años malgastados para que pueda emprender la búsqueda de las cosas gloriosas que en Él le esperan.

- En lo físico. Estas personas enfatizaron la importancia

del ejercicio corporal, así como de una dieta balanceada. Haga usted lo mismo, incremente la actividad física con ejercicios como salir a caminar todos los días. Así podrá gozar de mayor energía para buscar nuevas actividades que lo alejen de lo tedioso de su vida presente.

- En lo social. Una de las cosas que más destacaron fue la necesidad de mantener el contacto con los amigos y hacer nuevas amistades. Amigo, salga de su casa en busca de nuevos amigos que le ayuden y animen en su anhelo de superarse. No forme parte de los muchos que simplemente se dedican a vivir en la apatía o se arrastran por el suelo. Emprenda el vuelo con quienes se atreven a volar muy alto.

Sea celoso en proteger la pasión de Dios en su vida para que no la pierda en ninguna faceta de su vida. Por insignificante que pudiera parecer, esta podría ser una grandiosa pérdida. Recuerde que Él dijo: «He venido a darles vida, y vida en abundancia».

- Protéjala expresándola. No la esconda; compártala.
- No la guarde; vívala en este mismo momento y dé gracias a Dios hasta por lo que aún no posee. Mire su vida a través de la luz de la eternidad sin bajar el rostro hacia el suelo. Mantenga su mirada en el cielo.
- Camine con integridad. Ejercite su pasión por Dios afincándose en Su gracia y en la fe que Él le propor-

ciona para poder enfrentar el rechazo y las tentaciones de Satanás y tener una vida victoriosa.

Comprométase con el Señor basado en las promesas de su Palabra, no en sentimientos ni circunstancias. Aprenda a vivir una vida de pasión por el Señor desde hoy en adelante, porque aunque la felicidad no es una garantía, el desarrollo y el crecimiento en Él sí lo son y son esenciales en la vida cristiana. A través de las páginas de este libro podrá descubrir las grandes y gloriosas promesas que Dios ha dado a sus hijos. Pídale al Señor que le abra los ojos para ver con total claridad la voluntad divina para su vida.

Las siete promesas están basadas en el segundo y tercer capitulo del libro del Apocalipsis. Es una porción muy interesante porque habla el mismo Cristo resucitado. En estas promesas podrá encontrar la voluntad de Dios y los pasos a tomar para tener éxito en su vida. Notará que es como una escalera que empieza en la Cruz (su muerte al «yo») y termina con la Corona (la recompensa eterna de Dios para todo aquel que hace Su voluntad).

Las promesas que analizaremos están enlazadas a algunas advertencias que no debemos pasar por alto. El equilibrio de la vida está en lo bueno y en lo malo, en lo dulce y lo amargo, en la luz y las tinieblas. Para poder apreciar y comprender las grandes promesas que Dios nos ha dado debemos tomar muy en cuenta las advertencias. El enfoque de este libro es corregir lo malo, ver las promesas, creerlas y vivirlas. Escoja usted: una vida llena de pasión o una vida apática. Suba el primer peldaño de la escalera al éxito. Arriba encontrará a Dios, quien habrá de guiarle a subir el siguiente y luego el siguiente hasta llegar al último peldaño.

Primera Promesa

1

ÉFESO

Promesa de Vida Eterna

Apocalipsis 2.1-7 contiene la primera promesa de éxito:«Al que venciere le daré a comer del árbol de la vida, el cual esta en medio del paraíso de Dios». Dios ha provisto para cada uno de nosotros *una escalera hacia el éxito* en Él. Este es el primer peldaño. No podemos saltar peldaños de por medio con la intención de llegar más rápido al lugar que a nuestro criterio es el que más nos conviene. Como seres humanos, tendemos a hacer esto.

Esto me hace recordar la anécdota que me contó un varón de esos que suelen ser un tanto testarudos:

Fui al doctor porque padecía de un fuerte dolor. Cuando me examinó me dijo que pronto me sentiría mejor pero que me iba a recetar unas pastillas que me ayudarían en mi mejoría. El doctor había recomendado tomarlas exactamente de acuerdo a sus indicaciones. Tan pronto llegué a casa después de haber comprado la medicina, empecé a leer las instrucciones y decidí que lo que el doctor me recomendaba podía ser alterado un poco. Claro, conforme a mi propia sabiduría. Las indicaciones decían «una pastilla dos veces al día». Pensé: «Si dos pastillas pueden lograr que me sienta mejor, si las tomo todas de una vez, mi recuperación será aun más pronta y eficaz». Mi amigo, creía que me moría.

Lo mismo sucede con las promesas de Dios para nuestras vidas. Sus promesas son la receta para alcanzar bendición y éxito. Por eso debemos seguir las indicaciones y asegurarnos de subir un peldaño a la vez en nuestro ascenso en la escalera del éxito.

Jesús dijo: «De cierto, de cierto os digo, que el que guarda mi palabra [para cumplirla], nunca verá muerte [sino que gozará vida en abundancia y eterna]» (Juan 8.51).

El problema que el pueblo cristiano de Éfeso enfrentaba en el siguiente pasaje bíblico era que se habían saltado el primer peldaño y se dirigían hacia lo que no les convenía. Aunque habían hecho buenas obras, habían descuidado lo que Dios consideraba lo más importante: su primer amor.

Conozco tus obras y tu arduo trabajo y paciencia; y que no soportas a los malos…has sufrido, y has tenido paciencia…y no has desmayado. Pero tengo contra ti; que has dejado tu primer amor (Apocalipsis 2.2-4).

¿Quién debe ser nuestro primer amor? Sin lugar a dudas

debe ser Dios. No basta con hacer buenas obras. Si Dios no ocupa el primer lugar en nuestra vida nuestras obras carecen de valor. A la luz de la eternidad, habremos malgastado el tiempo.

Las buenas obras no tienen la capacidad de salvar ni de alterar la acción divina en nuestra vida. Jesús dijo: «Muchos me dirán en aquel día, en tu nombre hicimos…y Él os dirá, apartaos de mí hacedores de iniquidad, no os conozco» (San Mateo 7:22-23). Esta promesa muestra el deseo de Dios de que conozcamos y comamos del «Árbol de la Vida» que es Cristo el Señor, haciéndolo a Él el centro de nuestras vidas.

> *No basta con hacer buenas obras.*
> *Debemos pertenecer a Dios*

El éxito en nuestro andar con el Señor empieza con nuestra base espiritual. No podemos saltar y pasar por alto este primer peldaño. Por eso el rey David, el famoso trovador de la Biblia, dijo: «Crea en mí, oh Dios, un corazón limpio, y renueva un espíritu recto dentro de mí» (Salmo 51:10).

Job dijo: «Los justos progresarán y marcharán adelante; los de corazón puro serán cada vez más vigorosos y fuertes» (Job 17.9, La Biblia al Día). Para lograr subir la escalera del éxito en Dios debemos primero pisar el primer peldaño. Una vez allí, encontraremos la fortaleza necesaria para dar los demás pasos hasta llegar a la cima.

Fui entrenador de jóvenes deportistas en la escuela secundaria. Había algo en la mayoría de aquellos jóvenes que era muy obvio; todos querían saltar el peldaño del esfuerzo de practicar diariamente y la disciplina de hacer ejercicios arduos que los equiparían para llegar al estadio listos para competir y ganar. Los pocos que decidieron pagar el precio de prepararse como es debido casi siempre tenían la dicha de llevar una medalla de triunfo alrededor del cuello.

> *El éxito se alcanza dando*
> *un paso a la vez*

Esta primera promesa nos presenta tres verdades significativas:

Primera verdad:
Cristo tiene poder para salvar eternamente

«Por lo cual puede también salvar perpetuamente a los que por Él se acercan a Dios, viviendo siempre para interceder por ellos» (Hebreos 7.25). Esta es una maravillosa promesa. Jesucristo promete que nos guardará y sostendrá con su poder. El Señor intercede diariamente por nosotros desde el momento en que nos entregamos a Él y le damos el primer lugar en nuestra vida. En Él estamos seguros.

Viene a mi pensamiento lo que un joven me comentó una vez: «No tengo suficiente fortaleza para mantenerme firme en Dios». Le respondí: «Lo sé. Todos de alguna forma u otra somos débiles sin embargo, Él es poderoso y está dispuesto a socorrernos y guardarnos en esos momentos difíciles siempre y cuando se lo permitamos.

El hombre ofrece innumerables «secretos para el éxito», tales como: «No necesitas a nadie.» y «Puedes hacerlo todo sin ayuda de nadie». Sin embargo, lo que Cristo nos dice en su Palabra es totalmente lo contrario: «Sin mi nada sois y nada podéis hacer».

Deberíamos aprender del ejemplo del rey Salomón, el hombre más sabio que jamás se haya conocido.

Sus logros han causado que hasta una película de gran éxito se filmara:«Las Minas del Rey Salomón». Él escribió:

> También me dije a mí mismo; Ahora voy hacer la prueba divirtiéndome. Voy a darme buena vida.¡Pero hasta eso resultó vana ilusión! Y concluí que la risa es locura y que el placer de nada sirve. Después de mucho pensarlo, quise probar el estímulo del vino, y me entregué a él para saber si eso es lo que más le conviene al hombre durante sus contados días en este mundo.
>
> Realicé grandes obras; me construí palacios; tuve mis propios viñedos. Cultivé mis propios huertos y jardines, y en ellos planté toda clase de árboles frutales. Construí represas de agua para regar los árboles plantados; compre esclavos y esclavas, y aun tuve criados nacidos en mi casa; también tuve máss vacas y ovejas que ningún otro antes de mí en Jerusalén. Junte montones de oro y plata, tesoros que antes fueron de otros reyes y de otras provincias. Tuve cantores y cantoras, placeres humanos y concubina tras concubina.

Fui un gran personaje, y llegué a tener más que todos los que fueron antes de mí en Jerusalén. Además de eso, la sabiduría no me abandonaba. Nunca me negué ningún deseo; jamás me negué ninguna diversión. Gocé de corazón con todos mis trabajos, y ese gozo fue mi recompensa.

Me puse luego a considerar mis propias obras y el trabajo que me había costado realizarlas, y me di cuenta de que todo era vana ilusión, un querer atrapar el viento, y de que no hay nada de provecho en este mundo (Eclesiastés 2.1-11, versión libre).

Observemos varias cosas que resaltan en este pasaje y que ilustran la mente del hombre que no confía en Dios sino en sus propias fuerzas:

- Todo lo que hace es acompañado por la frase «yo lo hice».
- Todo lo hace para sí mismo. El propósito de toda su faena es él!
- Dios no esta en su pensamiento.
- El resultado de lo que hace no le trae gozo sino aflicción, una vana ilusión.

> *Todo lo que el hombre sembrare*
> *eso segará*

Segunda gran verdad:
Cristo tiene poder para retener a aquel que confía solamente en Él.

> [Porque] ni lo alto, ni lo profundo, ni ninguna cosa creada nos podrá apartar del amor de Dios, que es en Cristo Jesús Señor nuestro (Romanos 8.39).

También dijo: «Padre, los que me has dado, nadie los arrebatara de mi mano.» (Juan 10.28)

Ninguno de los libros o videos que nos pudieran ofrecer para alcanzar el «éxito» nos pueden garantizar que podamos lograrlo ni que los que nos los ofrecen estarán a nuestro lado en el proceso. Ellos nos venden su programa, se van con su dinero y nos las tenemos que arreglar solos. Con Dios es diferente. El Señor no solamente nos promete que alcanzaremos el éxito sino también que estará a nuestro lado en el trayecto: «Todo lo que pidieres al Padre en mi nombre, yo te lo daré...Nunca te dejaré ni te abandonaré». Dios jamás nos abandona Eso sería como ir contra su misma naturaleza. Él es más que Dios para nosotros: es nuestro Padre Celestial. Y como Padre, cuida de los suyos.

¿Qué padre no quiere el mayor éxito para sus hijos? Lo mismo quiere Dios para nosotros. Por eso, cada promesa que vamos a considerar en este libro comienza con la palabra «Yo». No el «yo» del hombre sino el «YO» de Dios.

Cuando los norteamericanos declararon la independencia de su país, el «padre de la nación», el primer presidente, George Washington, dijo: «[Lo hacemos] dependiendo totalmente en el sostén de la Divina Providencia [Dios]». Por eso este país ha logrado el éxito como ningún otro. A pesar de sus pecados, Dios lo sigue sosteniendo tal y como lo prometió.

> *Concédele a Dios que controle tu vida como controla el universo*

Tercera gran verdad:
Cristo tiene poder para guardar tus tesoros espirituales, todo lo que ha depositado en ti.

El apóstol Pablo escribe: «Por lo cual asimismo padezco esto; pero no me avergüenzo, porque yo sé a quien he creído, y estoy seguro que es poderoso para guardar mi depósito para aquel día» (2 Timoteo 1.12).

Me deleita mucho escuchar a los conferencistas que motivan. Se les conoce por su actitud positiva, sus palabras de motivación y porque viven un propósito. ¿Cuál es el suyo? ¿Lo ha descubierto? El mundo le abre paso al hombre cuyas palabras y acciones muestran la seguridad que tiene en sí mismo. Son las personas que tienen la certeza de saber por qué están aquí y hacia dónde van. Todos anhelamos tener estas características y es por eso que este tipo de personas nos atrae.

Dios nos ha creado con un propósito y nos ha capacitado para alcanzarlo. La vida está llena de obstáculos y metas por conquistar y realizar. Posiblemente en su vida hay un sueño que aún no se ha realizado y que anhela despertar en su interior. Dios lo ha puesto allí; pero para que usted pueda descubrirlo, es necesario que establezca una relación personal con Él. Dios es quien nos entrega esos dones que nos capacitan para hacer la obra que le dan verdadero significado a nuestra existencia.

> *¿Vive solamente por vivir o para lograr algo en la vida?*

Debemos descubrir el propósito de nuestra vida para que una vez que lo hayamos descubierto podamos disfrutar de la verdadera felicidad. Salomón fue un hombre que obtuvo grandes logros a lo largo de su vida, pero nunca encontró en de ellos el verdadero significado de la vida. Dios es el único que guarda todos los tesoros espirituales que ha depositado en usted. Una vez que usted los descubra, Él mismo se encargará de guiarle a alcanzar el máximo potencial que está en usted. Así podrá lograr el propósito de su vida.

Tuve un tío que llegó a ser uno de los hombres más ricos de su pueblo, pero que no llegó a tener un encuentro personal con el Señor. Nunca confió en nadie ni aprendió a amar al prójimo. Su ambición y su anhelo desmedido de obtener riquezas fueron su única prioridad. A pesar de sus riquezas murió como un hombre amargado. Lo único que le proporcionaron sus logros fue una vida triste sin Dios y sin esperanza.

En cambio mi padre, hermano de mi tío, conoció al Señor como su único Salvador y le fue fiel toda su vida. No obtuvo riquezas aquí en la tierra, pero seguramente encontró un gran tesoro en el cielo cuando Dios se lo llevó. Todo esto es parte de la promesa de la vida eterna. Empezar a vivir en Dios ahora es vivir en el plan de la eternidad. ¡La eternidad comienza hoy! La gloria es la extensión de lo que hoy estamos viviendo. La gente de Éfeso descuidó lo más importante por preocuparse y dedicarse a lo terrenal: «su primer amor». Su primer amor debe siempre ser Dios. Su privilegio y el mío es llegar a conocerlo más cada día, andar en sus caminos y descubrir todo lo que Él ha depositado en nosotros y vivirlo para su honra y gloria.

Ya escaló el primer peldaño. Prosiga al próximo. Si piensa que ya ha intentado andar en los caminos de Dios y ha fracasado, déjeme decirle que la derrota y el fracaso pueden llegar a ser los mejores peldaños hacia el éxito. El hecho de que está leyendo este libro es una indicación de que anhela alcanzar el éxito, del que ha emprendido la búsqueda del propósito de su vida. ¡Ánimo, amigo! Dios lo ha tomado de la mano para guiarle hacia un futuro brillante.

«¡El que pide recibe, el que busca encuentra, al que llama se le abre!»

Segunda Promesa

2

ESMIRNA

Promesa de Resurrección

¿Vive solamente por vivir o para lograr algo en la vida? El vivir termina en la tumba. La vida es para siempre. Algunos le podrán decir que usted es una víctima, que nunca podrá sobreponerse a su herencia. También dirán que su carácter y capacidad están determinados por lo que fueron sus antepasados, quienes poseyeron esas mismas cualidades.

Otros le dirán que es producto del medio en que se ha desarrollado, que las circunstancias en que usted vive determinan lo que usted es y será. Según los sicólogos, esto fue lo que causó que dos jóvenes mataran a quince personas en Columbine, Colorado, en 1999. Otros dicen que la causa fue la «cultura de muerte» que predomina en el mundo.

Esto me hace recordar la historia de un niño que llevaba a su casa sus calificaciones escolares con notas muy bajas y sabía que sin duda recibiría un castigo. El niño se acercó a su padre para entregarle el reporte y le dijo: «Papá no sé si mis bajas notas son producto de mi herencia o del medio en que vivo». Y otros le dirán que sus genes determinan su carácter, sus habilidades, su fuerza y aun su existencia física, mental y espiritual. Lo interesante de todo es que casi siempre estas son las palabras que muchos sicólogos o consejeros dicen a las personas que están luchando con la vida y que aparentemente necesitan una razón o excusa para justificar su comportamiento.

Lamentablemente, mucha gente escoge el camino más fácil. Viven por debajo del nivel de sus capacidades y privilegios. No se forjan metas y se conforman simplemente con existir. El poder de escoger es innato en cada ser humano. Si nos decidimos podemos explotar al máximo lo que la vida nos ha dado y así alterar el medio ambiente que nos ha tocado vivir.

Un refrán que me gusta mucho dice: «No podrá cambiar todo lo que le rodea, pero sí la forma en que lo ve».

> *«No podrá cambiar todo lo que le rodea, pero sí la forma en que lo ve»*

Como pastor de una iglesia, muy a menudo me encuentro junto a las camillas de los hospitales dando palabras de ánimo, consuelo y fe al paciente. Casi siempre estos pacientes son miembros de la iglesia y es un privilegio poder ayudarlos en sus necesidades. Normalmente el paciente espera mi visita para sentirse mejor. Pero hay un caso en particular que siempre que lo recuerdo hace que sienta gran gozo en mi corazón. Permítame explicarme.

La hermana Lupe había sido miembro de nuestra iglesia por mucho tiempo y se encontraba muy grave en el hospital. Los doctores le habían dado la triste noticia de que no había esperanza para ella. Le descubrieron un cáncer que estaba esparcido por todo su cuerpo. No había posibilidad de tratamiento. Ni siquiera una operación podía ayudarla. Yo iba a visitarla muy seguido al hospital. Nunca se quejaba. Siempre me recibía con una sonrisa a pesar de su obvia aflicción. Quien salía animado y alentado de esa visita era yo. Hasta el final, Lupe vivió su vida a la luz de este refrán.

El mismo Dios dijo a los cristianos de Éfeso que todo es cuestión de perspectiva. Les dijo: «Yo conozco tus obras, y tu tribulación, y tu pobreza (pero tú eres rico)» (Apocalipsis 2.9). En otras palabras, les recalca lo que ya sabían y habían vivido: que estaban sufriendo tribulación y pobreza. Pero su intención era abrirles los ojos a otra realidad: ¡qué eran ricos!

Todo es un asunto de perspectiva. Tener perspectiva es tener la capacidad de ver las cosas de la vida como realmente son y su relevancia en nuestra vida. Podemos dirigirnos hacia el propósito de nuestra vida a paso de bicicleta, mientras que otros vuelan hacia la destrucción a la velocidad de un avión. El piloto o conductor determina el rumbo, no el vehículo. La calidad y el carácter de la vida dependen de nosotros.

La Biblia nos da ejemplos de personas que tomaron la decisión de no dejar que ni las circunstancias ni el medio ambiente, por más difícil que fueran, determinaran lo que ellos hacían y lograban. Josué le dijo a un pueblo rebelde: «Escojan ustedes a quien van ha servir; que yo y mi casa serviremos a Jehová» (Josué 24.15). Daniel dijo en presencia de sus enemigos: «Resuelvo no contaminar mi vida con las comidas de ustedes» (Daniel 1.8). Moisés decidió sufrir con su pueblo cuando pudo haber gozado de una vida de placer y riquezas (Hebreos 11.24-27). Sadrac, Mesac y Abednego arriesgaron la vida cuando rehusaron adorar a los dioses paganos. Sabían lo que era recto delante de Dios y lo hicieron (Daniel 3.17-18).

Esta gran promesa de resurrección nos asegura de cuatro grandes bendiciones que son el resultado de tener una relación íntima con Dios y vivir una vida de fe en Él.

La primera es: «Recibimos vida en medio de la muerte». Sí, hoy estamos rodeados de la muerte y todo lo que la muerte trae. Vivimos en condición de muerte. Por ejemplo, uno puede ir tranquilo en su auto y de repente una persona se le acerca con un revólver y le dispara. Muchos de los jóvenes del pueblo de Columbine, Colorado fueron ese día a la escuela con metas en la mente, tareas en los bolsillos y sueños que realizar; pero dos de ellos fueron con muerte en la mente y asesinaron a quince alumnos y a un profesor.

En nuestros propios cuerpos acarreamos gérmenes que en un momento de debilidad física toman el control del funcionamiento del cuerpo y nos pueden enfermar y llevarnos a la muerte. Por eso, refiriéndose a una mujer que vivía en pecado, la Biblia dice: «Viviendo esta muerta».

¿Cuál es la solución? La vida nueva en Cristo Jesús. «El que está en Cristo nueva criatura es; las cosas viejas pasaron, he aquí todas son hechas nuevas» (2 Corintios 5.17). También dijo: «El que guarda mi palabra, nunca verá muerte» (Juan 8.51). La vida nueva incluye vida en medio de la muerte: «El amor de Cristo nos constriñe, pensando esto: que si uno murió por todos, luego todos murieron; y por todos murió, para que los que viven, ya no vivan para sí, sino para aquel que murió y resucitó para todos» (2 Corintios 5.14-15).

El apóstol Pablo dijo: «Para mí el vivir es Cristo y el morir es ganancia» (Filipenses 1.21). De ninguna manera pierde en vida el que vive en Cristo, y en la muerte está con Cristo. Por eso la gente que conoce a este Dios, habla como locos, como fanáticos que no razonan. En medio del dolor y la muerte suelen decir: «¡A pesar del problema, estoy bien y me gozo en el Señor!»

La segunda bendición es: «Nos da valor para proseguir aun que todo se vea sombrío». Eric Mohn aprieta los dientes al acercarse a pintar la pared que está frente a él. No es la concentración lo que hace que apriete los dientes, porque por más de veinte años ha hecho este tipo de obra. ¡No! Es que quiere estar seguro de que la brocha de pintar está firme. ¡Eric Mohn pinta con la boca! Es parapléjico desde su nacimiento. Su razonamiento es este: «El estar incapacitado no tiene nada que ver con mi trabajo, pero sí el hecho de que pinto con la boca».

En California, otro artista pinta sus cuadros de una manera muy diferente. Martin Vogel usa su silla de ruedas para hacer sus obras de arte. Las ruedas son sus brochas. Dice: «Mi discapacidad es mi arte» (American Way Magazine, abril 1998)

Recientemente, me encontraba viendo un juego de golf en la televisión. De pronto apareció un anuncio. Como todo hombre con el control remoto en la mano, me dispuse a cambiar el canal y buscar algo más interesante. Sin embargo, me detuve al oír a un anciano decir lo siguiente: «Soy ciego, pero esto no me roba el entusiasmo de hacer un "birdie" en la cancha de golf».

Hace poco la muy conocida conferencista internacional, Joni Erickson, que también es parapléjica por causa de un accidente, predicó en la iglesia de la cual soy pastor. Dijo: «Lo que me da las fuerzas para vivir la vida a lo máximo y gozar de todo lo que Dios me ha dado es la esperanza de la resurrección. Un día ya no tendré que andar en silla de ruedas, ni que esperar para que otro me dé de comer, me afeite o me cargue. Tendré un cuerpo nuevo» (Templo Calvario, mayo de 1999).

La tercera bendición de esta promesa es: «Es nuestra defensa frente al peor enemigo de la humanidad: la muerte.» Un joven atacó y apuñaleó más de quince veces a una jovencita de quince años porque esta había decidido dejarlo. Al atacarla, le dijo: «Si no eres mía, no vas a ser de nadie». Ya moribunda, tirada en la calle, le escucharon decir: «Por favor, ayúdenme. No sé cómo morir» (Register, 1976). Este es el pensamiento latente en cada persona que no ha puesto su vida en las manos de Dios. Sin Él no hay vida ni victoria sobre la muerte.

Con razón Jesucristo dijo que el peor enemigo del hombre es la muerte. La muerte entró al ser humano por el pecado y nacemos en él. Es algo que heredamos. Uno no se puede deshacer del pecado ni de la muerte. La única solución es recibir la vida eterna que Dios nos brinda. Jesucristo, el que triunfó sobre la muerte en la cruz del Calvario y resucitó para ofrecernos vida eterna, nos dice: «De cierto, de cierto os digo: El que oye mi palabra ... tiene vida eterna; y no vendrá a condenación, mas ha pasado de muerte a vida» (Juan 5.24).

> ### *«Ya no vive en condición de muerte sino en condición de vida»*

Muchos creen en Dios, pero no creen a Dios. Por eso les es imposible depositar toda su confianza en las promesas del Señor. El hombre que pone a Dios en el centro de su vida, verá que Dios estará con él hasta el fin. Recuerde que el apóstol Pablo dice: «Ni la vida ni la muerte nos podrán separar [de Él]». Y en el Antiguo Testamento se nos dice: «En todo lo que hagas, pon a Dios en primer lugar, y Él te guiará, y coronará de éxito tus esfuerzos» (Proverbios 3.6, La Biblia al Día). Con razón el último libro de la Biblia dice: «Bienaventurados de aquí en adelante los muertos que mueren en el Señor» (Apocalipsis 14.13).

Y la cuarta bendición de esta promesa es: «Nos asegura la vida más allá de la muerte». Hay tres cosas con las cuales nos engaña Satanás: posesiones, placeres y posibilidades. Él nos quiere hacer creer que acumulando posesiones encontraremos la felicidad y todo lo necesario. Pero la Biblia dice que «la vida del hombre no consiste en la abundancia de los bienes que posee» (Lucas 12.15). También Jesucristo preguntó: «¿Porque, qué aprovechara al hombre, si ganare todo el mundo, y perdiere su alma? ¿O qué recompensa dará el hombre por su alma?» (Mateo 16.26).

Satanás quisiera hacernos creer que la vida depende de los placeres y nos pinta mundo de colores envuelto en oropel. Pero dice la Biblia que la persona «que se entrega a los placeres, viviendo está muerta» (1 Timoteo 5.6). El placer verdadero se encuentra en la presencia de Dios. Nos dice el rey David: «Me mostrarás la senda de la vida; en tu presencia hay plenitud de gozo; delicias a tu diestra para siempre» (Salmo 16.:11).

Satanás también nos quiere engañar con las posibilidades de la sabiduría del hombre. ¿Qué le ha traído al hombre su propia sabiduría? Dolor, angustia, pleitos, contienda, guerras, hambre, enfermedades y la lista es interminable. Por eso la Biblia declara: «Destruiré la sabiduría de los sabios, y desecharé el entendimiento de los entendidos. ¿Dónde esta el sabio? ¿No ha enloquecido Dios la sabiduría del mundo [el hombre]? El mundo no conoció a Dios mediante la sabiduría» (1 Corintios 1.19-21).

No se deje engañar. El conocimiento acerca de un camino jamás sustituirá la acción de poner un pie delante del otro.

Roberto Schuller, pastor de la famosa Catedral de Cristal, de Garden Grove, California, dice: «El triunfo comienza cuando se empieza». Atrévase a continuar en su escalera al éxito. Ninguna empresa es peor que la que no se empieza.

¿Cómo viviremos nuestra vida? El diccionario Webster inglés dice: «La vida es una serie de experiencias físicas y mentales ... desde el nacimiento hasta la muerte». Para el que conoce a Dios, la vida tiene otra dimensión: es una serie de experiencias espirituales en la cual Dios es el centro. Recuerde: El deseo determina el propósito de su vida.

> *«Lo que desea hoy determinará lo que será mañana»*

Hay una deficiencia en muchos; conocen el precio de todo pero el valor de nada. Es nuestra responsabilidad tomar las riendas de nuestra vida y fijarnos metas con las perspectivas en orden. Los valores eternos deben ser primordiales.

Dios tiene un plan para usted que lo llevará al éxito. Mientras más pronto descubra el plan de Dios para su vida, más pronto podrá gozar de las recompensas. ¿En qué condición está su vida? Usted escoge. El escoger es una acción, y el resultado de la acción se convierte en hábito. Los hábitos resultan en carácter y el carácter resulta en un propósito en la vida. Decídase hoy a seguir a Dios, vivir para Él, seguir su camino de promesas y escalar la escalera del éxito con Dios.

Prosiga al próximo peldaño.

Tercera Promesa

3

PÉRGAMO

Promesa del maná escondido

Hay algunos pensamientos que nos ayudan a comprender esta significante promesa y verdad que debe predominar en la mente de todo aquel que conoce a su Creador.

Primero: «Nuestra vida debe tener una razón de ser». Quienes recibieron esta promesa habían permitido que en sus reuniones se hicieran cosas impías que insultaban la santidad de Dios. Llegaron hasta a aceptar a falsos líderes, comer cosas sacrificadas a los ídolos, practicar la fornicación y caer en la lascivia. Dios los exhorta a apartarse de su manera de vivir y buscar aquello que pone en alto a un cristiano ante Dios y su pueblo.

El ser humano tiene la tendencia de aceptar lo mediocre y vivir en lo mediocre porque eso no implica ningún tipo de sacrificio personal. El propósito de Dios para nuestras vidas sí requiere esfuerzo. El Señor desea llevarnos a un nivel superior donde lo que uno hace tiene significado y deja un legado para las generaciones venideras.

Segundo: «El sufrimiento tiene sentido si nuestra vida experimenta un cambio de lo malo a lo bueno». ¿Ha visto alguna vez a una persona que ha permitido que las circunstancias difíciles de su vida le afecten a tal punto que su dolor o amargura se refleja en su semblante? En el rostro de una persona así hay amargura, resentimiento y su carácter repele a los que le rodean. ¡Qué tristeza! Eso no estaba en los planes de Dios para el ser humano. Los dones de Dios producen gozo, paz y amor en el corazón. Su promesa es: «Tendréis paz que sobrepasa todo entendimiento» y «gozo inefable»

El problema es que muchos cristianos no conocen la Palabra de Dios; y si la conocen, no la creen. Imagínese tener el maná del cielo, que es Cristo Jesús, y no saberlo. Tener la perla más valiosa y llevar una vida de mendigo. ¿Será esto posible? ¡Sí! Las iglesias están llenas de personas que lo tiene todo, pero andan en la peor de las pobrezas. Viven en el sufrimiento y no en la vida nueva que es Cristo Jesús. Sus vidas son una constante queja y lamento. Le exigen a Dios que los saque de problemas, pero nunca le dan gracias por todo lo que Él ha hecho por ellos.

> «No le pida una vida más facil:
> pídale más fuerzas».

Tercero: «Una vida con significado es una vida que deja una vereda que otros pueden seguir». El domingo 25 de julio de 1999 fue un día muy significativo para todos los que viven esta gran verdad. Lance Armstrong, de los Estados Unidos, entró por los Campos Elíseos de París declarado como el ganador del Tour de France, la carrera más rigurosa y de mayor prestigio para los ciclistas del mundo. «¿Y que?», dirá alguno. Déjeme contarle su historia.

En Octubre de 1996 a este ciclista le dieron la noticia de que le habían encontrado cáncer. Pronto el cáncer se le dispersó por todo el cuerpo hasta llegar a su cerebro. Los dolores de cabeza eran insoportables y los vómitos de sangre lo debilitaban cada día más. Le dieron de un 40 a un 45% de posibilidad de vida si respondía favorablemente al tratamiento. De no ser así, a lo sumo le daban de dos a tres meses de vida.

¿Qué pudo causar que este joven regresara a su forma de campeón mundial para ganar esta carrera de 4.500 kilómetros? ¡Su actitud! En una entrevista dijo: «Regresé a la competencia mundial con una nueva determinación. Me gana el cáncer o le gano yo. Yo lo determino».

> *«No pida tareas iguales a sus fuerzas; pida una fuerza igual a sus tareas».*

Por su determinación no solo ganó para él sino que ganó para todos aquellos que se atreven a creer que para el que cree, todas las cosas son posibles. Abrió la vereda para que otros la transiten.

El Señor Jesucristo nos habla de la importancia de su Palabra en nosotros. En Mateo 7.24, nos habla de dos cimientos. El primer cimiento menciona a las personas que son prudentes: «Cualquiera pues, que me oye estas palabras, y las hace, le compararé a un hombre prudente, que edificó su casa sobre la roca [en este caso su Palabra]». Recuerde que este libro ha sido escrito con la idea de que conozcamos lo que Dios promete a sus hijos para que puedan alcanzar éxito en la vida. En esta promesa consideramos el poder del maná escondido (en nosotros) que es la Palabra viva, Cristo Jesús.

Consideremos primero al edificador prudente. Su obra esta construida sobre un fundamento sólido. Esto lo sabemos porque el Señor señala que esta construcción podrá ser azotada por fuertes tempestades y no será derribada. Todos entendemos la importancia de construir sobre un fundamento sólido. El Señor nos ha dicho: «Cielo y tierra pasarán, más mi Palabra permanece para siempre». Si vamos a construir toda una vida, debemos cerciorarnos de que lo estamos haciendo sobre un fundamento sólido.

Para alcanzar el éxito en la vida debemos comenzar con lo más básico, el fundamento. ¿Cuál es el suyo? ¿Su dinero? ¿Su fama? ¿Su sabiduría? ¿En qué o en quién está puesta su confianza? El Señor dice que todas estas cosas pasarán. En un momento se acaba todo. Por eso les da «el maná escondido». Ese maná escondido es su Palabra en nosotros. Si la vivimos, nuestra obra permanecerá.

En segundo lugar, consideremos la permanencia de lo que está bien cimentado: «Descendió la lluvia, y vinieron ríos, y soplaron vientos, y golpearon sobre aquella casa, y no cayó» (Mateo 7.25). Aquí el Señor describe en forma gráfica las tempestades que vienen a cada uno de nosotros. Ricos y pobres comemos del mismo plato en la vida.

Si la Palabra mora en nosotros, nos dará el fundamento sólido que necesitamos y nos equipará de una armazón poderosa que será capaz de guardarnos de cualquier ataque que a nuestra vida azote. Cristo dijo que nuestro peor enemigo es la muerte, y esa era precisamente la situación cuando le hablé a Marta sobre la muerte de su hermano Lázaro: «¿No te he dicho que si creyeres verás la gloria de Dios?» Él la lleva de la peor situación de todas que es la muerte al terreno de la esperanza. Quiere que Marta confíe en Él y en su Palabra y no en las circunstancias que la rodean. La Palabra es nuestro sostén en momentos difíciles como aquel.

> *«El que cree en mi Palabra no será avergonzado».*

En tercer lugar, veamos la recompensa de su labor. No solamente permanece su obra sino que recibe los buenos resultados de su labor. Hay satisfacción personal cuando logramos algo bueno. El hombre necesita rodearse de éxitos en la vida, de pequeños y grandes logros, de lo contrario creerá que su vida es insignificante y hasta un fracaso. De una vida insignificante nacen estos dichos.

«Esa es mi suerte»
«Ya me tocaba a mí»
«Ese es mi destino: no lograr nada»
«Mis lágrimas y mi pobreza son mi cama»

Me hace recordar el cuento del aguilucho que se crió con unas gallinas. Un día miraba hacia el cielo donde volaba un águila hermosa. La contempló un buen rato mientras el águila volaba, y al hacerlo pensaba en lo lindo que sería poder volar a esas alturas. En eso se le acercó una gallina y le dijo: «Ni sueñes que podrás volar como esa águila. Tú eres una gallina y las gallinas caminan sobre la tierra, comen gusanos y viven solamente para poner huevos».

Los habitantes de Pérgamo se habían conformado con la basura de la tierra y se habían olvidado de que eran «águilas» hechas para volar y conquistar el viento. Jesucristo les recuerda que en ellos está «el maná escondido», la poderosa Palabra de Dios que no tiene limite.

Además de recibir la recompensa de su labor, el que construye sobre la roca recibe elogio de su Señor. Jesucristo lo llama «prudente». Esto quiere decir que el Señor sabe que cuando confiemos en Su Palabra y la obedezcamos, alcanzaremos el éxito. La Biblia dice que «la exposición de la Palabra de Dios alumbra y hace entender a los simples» (Salmo 119.130).

Pero El Señor no se limitó a hablar del constructor prudente. Habló también de los insensatos que oyeron su Palabra pero no edificaron sobre ella. En Mateo 7.26 dice: «Cualquiera que oye mis palabras y no las hace, le compararé a un hombre insensato, que edificó su casa sobre la arena» (Mateo 7.26). También hace mención de las tempestades que azotarán la casa; sin embargo, en el caso que menciona, la casa no permaneció de pie. «Según el Señor, grande fue su ruina.

Lo primero que hizo mal aquel constructor fue que, teniendo acceso a la Palabra poderosa de Dios, la rechazó y se puso a «construir» sobre la arena. Hay algo muy triste que sucede todos los días en la vida de muchas personas que confiesan creer en Dios: a pesar de que tienen la Palabra construyen sobre la arena. Construyen su vida con sus habilidades y esfuerzos como cimiento, y muchos no lo reconocen. En mi oficina aconsejo a muchas personas y siempre escucho algo que es muy común : «Sí, pero usted no conoce mi situación». Con esto lo que me están diciendo es que lo que les aconsejo está bien, pero que en su caso no va a su efectivo. Se expresan como si la Palabra de Dios fuera solamente para el éxito de unos y no de todos..

Lo segundo que hizo mal aquel constructor fue que, teniendo el mejor material para construir su fundamento, escogió un material inferior.

> *«Una cosa es desconocer la Palabra y otra cosa es descartarla».*

¿Sería este el gran pecado de los hermanos de Pérgamo: que teniendo acceso a lo mejor se conformaron con escoger lo inferior? Cada profesión demanda lo mejor:

Del juez, justicia.
Del médico, la mejor educación.
Del profesor, conocimiento.
Del soldado, lealtad.
Del atleta, disciplina.
Del hijo de Dios, fe.

Necesitamos fe para confiar que lo que Dios ha dicho es la verdad y que «su Palabra no volverá a Él vacía, como dice Isaías 55. El poder de la Palabra que mora en nosotros nos comunicará lo siguiente:

«La comunicación es la llave de la vida». Dios le comunicará a través de su Palabra escrita y viva (el maná escondido en usted) lo que desea para su vida y la manera de alcanzarlo. Nuestras mejores decisiones sin Él resultan en fracaso. ¿Por qué? Porque nuestra mente es muy limitada y solamente puede ver el presente. Dios ve el futuro. Él sabe el camino por el cual debemos caminar. Él conoce los peligros que vienen y nos guiará por sendas de justicia.

¿Por qué muchos han logrado grandes cosas en Él? Porque han aprendido a «escuchar» la voz de Dios. Son personas «que por el uso [de sus oídos espirituales], tienen los sentidos ejercitados en el discernimiento del bien y del mal» (Hebreos 5.14). Esto hará prosperar su camino y todo le saldrá bien.

«El equilibrio es el diseño de la vida». La gente se fija más en los fracasos de uno que en los éxitos. ¿Por qué? Porque la Biblia dice que el corazón del hombre es malo. ¿Quién lo puede conocer? No debemos confiar en los sentimientos de nuestro corazón. El razonamiento humano es muy limitado y está trastornado por el pecado que en nosotros está. El pecado ha entenebrecido nuestra mente y endurecido nuestro corazón. Por eso nos metemos en cosas que no nos convienen y nuestra vida pierde equilibrio.

Hay quienes dicen, «¿Qué puede hacerme una copa?» Y de pronto se ven totalmente hundidos en el vicio del licor. Algunos piensan que tener dos trabajos es bueno para ayudar a sufragar mejor los gastos de la familia, y se dan cuenta muy tarde que lo que más necesitaba la familia era de su tiempo y amor.

La Palabra de Dios nos ofrece el balance que necesitamos en la vida: «Buscad primeramente el Reino de Dios y Su justicia, y todas las demás cosas os vendrán por añadidura» (Mateo 6:33).

«El intercambio es el proceso de la vida». La Palabra que mora en nuestro interior es lo que nos dice cómo debemos desarrollarnos en el Señor y cómo se convierte uno en parte de todo lo que Él ha hecho. El que presta atención a la Palabra, ve el dinero como un medio para negociar e intercambiar bienes materiales, no como el todo de su vida. Llega a conocer el beneficio de ser parte de la familia de Dios, y la necesidad que tiene de ellos y ellos de él. Sus ojos se abren y ven las bendiciones de Dios sobre su vida: familia, amigos, negocio, la creación misma, el aire, el agua, la tierra y el gobierno. Sabrá que todo es parte de su vida y lo cuidará más que nunca.

Para el joven rico de Lucas 18.18-24 el dinero lo era todo. Jesús le ofrecía mucho más, pero sus ojos estaban cegados por la avaricia. El Señor le dijo que lo vendiera todo y lo diera a los pobres. No era que quería que el joven se quedara en la pobreza, sino que se librara de la atadura del dinero. Pero dice la Palabra que el joven se fue muy triste «porque era muy rico».

«Los pactos son el poder de la vida». Dios nos dice: «Ven y estemos a cuenta». Él desea que nos arreglemos con Él, porque ya se arregló con nosotros. En la Biblia nos revela su sentir. Dios desea ser nuestro Padre Celestial. Nos hizo para que fuéramos su familia, pero nosotros nos descarriamos, cada cual por su camino. Sin embargo, Dios envió a su Hijo para mostrarnos el camino hacia Él. Una vez que encontramos ese camino, Él nos espera con brazos abiertos.

Uno no puede tener éxito en la vida fuera de esa relación personal con Dios. Tendrá logros sin Él, pero no éxito. El éxito para Dios es que hagamos su voluntad, que está revelada: «Nunca se apartará de tu boca este libro de la ley, sino que de día y de noche meditarás en él, para que guardes y hagas conforme a todo lo que en él está escrito; porque entonces harás prosperar tu camino, y todo te saldrá bien» (Josué 1.8).

Ya llegamos al próximo peldaño. La cima del éxito está mucho más cerca ahora que cuando empezamos. No miremos hacia atrás. Miremos hacia arriba. ¡Nos espera una corona!

Cuarta Promesa

4

TIATIRA

Promesa de autoridad

No hay forma de explicar cómo es que teniendo en las manos las promesas de Dios para alcanzar el éxito y lograr triunfar en la vida, muchos que afirman creer en Dios todavía viven a diario una vida llena de derrota y frustración. De su boca solamente salen palabras llenas de amargura y fracaso, nunca de triunfo. Son como el coyote domesticado que le gusta rebuscar en los basureros porque ha olvidado cómo cazar la carne fresca.

Al igual que las gotas de agua caen incesantemente sobre el mismo lugar en la roca hasta lograr hacerles un hueco, este tipo de persona ha permitido que las frustraciones de su vida lo marquen de tal manera que solamente puede ver su vida a través del hueco de amargura que estas le han dejado.

No estaba en los planes de Dios que sus hijos vivieran en

esta condición. Él nos dio la fortaleza para levantarnos y movernos del lugar donde caen las gotas del fracaso y la amargura. Nos dice el Salmo 84.5-7:

Bienaventurado el hombre que tiene en ti sus fuerzas,
En cuyo corazón están tus caminos.
Atravesando el valle de lágrimas lo cambian en fuente,
Cuando la lluvia llena los estanques,
irán de poder en poder.

Note que dice que «¡Irán de PODER EN PODER!», no de derrota en derrota como muchos. Tener poder o autoridad es triunfar por sobre la adversidad de la vida.

Uno de los presidentes más destacados de los Estados Unidos, Calvin Coolidge, escribió estas palabras:

Nada en el mundo puede tomar el lugar de la persisten-cia. Ni el talento: es muy común ver a hombres talen-tosos fracasados. Ni la genialidad: La genialidad es casi un concepto, no trae recompensa. Ni la educación: El mundo está lleno de derrelictos educados.

Solamente la persistencia y la determinación son omni-potentes. El dicho «sigue adelante» es lo que siempre ha re-suelto y resolverá muchos de los problemas más graves de la vida.

Nunca olvidaré la ocasión cuando una amiga me hizo una llamada telefónica para avisarme que su hermanito de solo diecisiete años había muerto en un accidente automovilístico. Sentí como si alguien me hubiera echado un balde de agua caliente encima. Yo conocía a ese joven desde su infancia. A pesar de que era un joven bueno y provenía de una familia muy cristiana, se había apartado de los caminos del Señor como lo hacen muchos jóvenes. Sin embargo, su madre y sus hermanitas tenían la esperanza de que algún día regresara y enderezara sus pasos. Mi amiga me dijo que su madre me pedía que yo los acompañara y oficiara en los funerales. Con mucho gusto accedí.

Ya en camino hacía el pueblo donde vivían, yo me preguntaba seriamente: «¿Qué puedo decirle a esta madre que debe tener el corazón deshecho? ¡Dios mío, pon en mi boca las palabras!» Yo era joven y no tenía experiencia en estas cosas. Por más que meditaba y me rompía la cabeza pensando en qué decir, nada parecía ser lo correcto.

Mi esposa y yo llegamos a la casa del joven. En mi mente yo había creado una imagen en la que nuestra amiga nos recibía llorando con mucha tristeza. Seguramente nos conducirá hacia su madre, que estaría sentada en un rincón oscuro de la casa llorando sin consuelo, vestida de negro y sin querer ver la luz del día. Para mi sorpresa, la madre fue quien nos recibió en la puerta. No estaba vestida de negro ni lloraba sin consuelo ni se veía quebrantada. Al contrario, nos recibió con una enorme sonrisa y un fuerte abrazo mientras nos conducía a la sala en donde nos ofreció algo de tomar.

Pensé: «Algo no anda bien. Esto no puede ser». De repente todo lo que había pensado decirle lo había olvidado. Ella se sentó frente a nosotros y dijo: «Daniel, ¡qué bueno es Dios!» Al escuchar estas palabras quede atónito. Pensé:

«¿Cómo puede decir eso en medio de la situación tan difícil por la que atraviesa?» Siguió diciendo: «Hace apenas dos semanas que mi hijo decidió entregar su vida al Señor. El Señor sabía que mi hijo no podría resistir las tentaciones del mundo y que las malas influencias de los amigos lo podrían desviar de sus caminos. Por eso decidió llevárselo». Aquí vemos cumplida la promesa de Dios que dice: «Pelearán contra ti, pero no te vencerán; porque yo estoy contigo, dice Jehová, para librarte» (Jeremías 1.19). Esta hermana demostró con su actitud que la promesa de poder y autoridad era real. Se había cumplido en su propia vida cuando la autoridad triunfó sobre el peor enemigo del hombre: la muerte.

La iglesia de Tiatira tenía a su disposición todo lo necesario para vivir una vida de poder y autoridad. Al Hijo de Dios se le describe como «el que tiene ojos como llama de fuego, y pies semejantes al bronce bruñido» (Apocalipsis 2.18). El Señor tiene todo autoridad y lo describen como una figura de poder. El Mensaje y el Mensajero se complementan. El mensaje es: «Conozco tus obras»: Has hecho bien.

«Conozco tu amor»: Has vivido de acuerdo a mis enseñanzas. «Conozco tu fe» : Tienes una base sólida sobre la cual operas. «Conozco tu servicio»: Eres digna de encomio por lo que has hecho por los necesitados. «Conozco tu paciencia»: Sigues confiando y esperando en tu Dios. Estas son virtudes que todos deberíamos desear tener. Sin embargo decimos: «¡Si pudiera tener la dicha de decir que mi vida refleja estas características!» Y el Señor nos contesta como lo hizo a la iglesia de Tiatira: «Pero tengo algo contra ti....» En aquella iglesia habían abierto la puerta a una corrupción que los llevaba a la destrucción y los apartaba de Dios para siempre. Les había sucedido como cuando amanece y el día es precioso. El sol brilla con todo su esplendor y el cielo se ve tan azul que las nubes blancas parecen copos de algodón y a la naturaleza no le queda más que recibirlo con aplausos y cantos de alegría. Pero que de repente todo se oscurece. Aparecen nubes grises que opacan la luz del sol como un inmenso y misterioso velo, y la misma naturaleza guarda silencio.

Me pregunto: ¿Era necesario que el Señor dijera: «Tengo algo contra ti»? Sí, porque habían permitido y tolerado la maldad. Habían abandonado el banquete para rebuscar en el basurero.

> *«Nuestro llamado requiere la máxima diligencia».*

Esto me recuerda el pasaje bíblico que nos dice que ser seguidor de Cristo requiere que tengamos una vida de entrega a Él y aún más si estamos viviendo bajo su autoridad. Nuestra vida debe regirse por los valores que Él nos enseñó a través de su vida y su Palabra. En 2 Timoteo 2.15 se nos dice: «Procura con diligencia presentarte a Dios aprobado, como obrero que no tiene de que avergonzarse, que usa bien la palabra de verdad». En otras palabras, debemos procurar el título de «obrero aprobado por Dios». Así, cuando entremos a la gloria y estemos frente a Él, nos podrá decir: «Bien hecho, buen siervo fiel». Nuestras obras hablan de nosotros. Es muy importante estar seguros de lo que hacemos para el Señor, porque es mejor que nos diga bien hecho que bien dicho.

No debemos procurar solamente tener la aprobación de Dios sino también del hombre. No podemos darnos el lujo de decir: «No me importa lo que diga el mundo». Eso ante Dios es contradictorio. Dios les dice a la iglesia de Tiatira: «Yo los pondré en grande tribulación si no se arrepienten de sus malas obras». La promesa de poder y autoridad no era para los que vivían en la esclavitud de la corrupción. Cuando Dios nos da su aprobación es porque nuestra vida refleja nuestra fidelidad a Él y a su Palabra. Dios solamente aprueba la obediencia a lo que Él demanda.

No cometamos el gravísimo error de creer que porque hacemos muchas buenas obras podemos desobedecer a Dios en cosas que consideramos de poca importancia. Debemos recordar:

> *«Un pequeño agujero puede hundir un barco grande».*

Seremos aprobados por nuestro celo y determinación en ser buenos obreros tanto en público como en privado en honor al Señor al que servimos. Alguien alguna vez dijo: «La gente no fracasa: se da por vencida». No nos demos por vencidos. Sigamos en nuestra lucha por ser fieles al Señor.

Pero hay requisitos personales de esta demanda que debemos notar:

«Que no tiene de que avergonzarse». Una cosa es buscar un título sin que nos cueste nada y otra cosa es pagar el precio que se requiere para alcanzarlo. Será glorioso escuchar al Maestro decirnos «bien hecho», pero esto no sucederá si no estamos dispuestos a ser obreros fieles al punto de no tener nada de qué avergonzarnos ante la presencia de Dios.

En nuestro pueblo había un hombre que todos conocían como el «borrachito del pueblo». Su nombre era Carlos. Un día una hermana que solía caminar por las calles buscando a los perdidos y vagabundos del pueblo lo invitó a nuestra iglesia. Carlos aceptó la invitación. Llegó en muy malas condiciones. Estaba sucio y mal oliente y la gente de cierta manera lo rechazaba. Pero algo sucedió aquel día glorioso en la vida de Carlos. Los cantos y la enseñanza bíblico le llegaron al corazón. Cuando se hizo la invitación para hacer profesión de fe, Carlos fue el primero en pasar al frente.

Pasaron varios años y Carlos era muy fiel al Señor. Un día decidió ir a su país natal a visitar a su gente y a sus amigos del pasado y paso varios años por allá. Antes de irse le aconsejé que no descuidara su relación con el Señor. También le dije que se acordara a quien pertenecía. La cuestión es que cuando regresó no llegó a la iglesia como de costumbre. Nos costó trabajo encontrarlo. Cuando por fin lo encontramos, estaba borracho y deambulaba por la calle. Al preguntarle por qué había regresado a su antigua forma de vivir, nos confesó: «No pude resistir la influencia de mis amigos y le abrí de nuevo la puerta al vicio.» ¡Qué tristeza!

Al igual que los de Tiatira, que tenían todo lo bueno, había cedido a la mala influencia y a la corrupción. Los hermanos del pueblo me contaban que cuando Carlos los veía, se hincaba ante ellos y les pedía que le cantaran La oveja perdida.

Quizás usted es una de esas tristes ovejas y está pensando en todo lo que tenía con él. Se siente avergonzado hasta el punto de creer que Dios jamás lo perdonará, y ha decidido no volver más a la iglesia. No, no se dé por vencido. Todavía hay esperanza. Cristo dijo: «El que viene a mí de ninguna manera le echaré fuera». Él lo está esperando.

Fíjese en las demandas de este llamado: «Procura con diligencia». Recuerde algo muy importante:

> *«No es la carga la que lo quebranta sino como uno lleva la carga».*

Pero veamos algunas palabras clave en este pasaje y cómo aplicarlas a nuestra vida:

«PROCURA» nos habla de iniciativa personal. Si va a ser un obrero aprobado, tendrá que procurarlo. Es un esfuerzo personal que tendremos que mantener toda la vida hasta que estemos en su presencia. No hay lugar para el descuido ni para la apatía. Debemos mantenernos alertas y no caer en las tentaciones que a diario afrontamos. Debemos mantenernos sensibles a la voz de Dios para que el Señor pueda guiarnos.

> ## *«La vida no es un asunto de posición sino de disposición».*

«DILIGENCIA» nos habla de intento personal. La palabra «procurar» nos habla de estar en guardia para no fallar. «Diligencia» es hacer todo lo que está de nuestra parte. A veces quisiéramos que Dios lo hiciera todo por nosotros. Sin embargo, nunca esperemos que Dios nos dé paciencia. Podemos pedirle todos los días que no dé paciencia, pero nunca nos la dará. Usted tendrá que desarrollarla en usted a medida que aprende a confiar y esperar en Dios en medio de la lucha.

«Diligencia» es también hacer las cosas de Dios con cuidado. Es asegurarnos que lo que hacemos agrada a al Señor. El Señor mismo nos advirtió que hay la posibilidad de que algunas personas que dicen servirles no le agraden. En el día del juicio, muchos le dirán: «¿No profetizamos en tu nombre, y en tu nombre echamos fuera demonios y en tu nombre hicimos muchos milagros?» Mas Él les dirá: «Nunca os conocí; apartaos de mí hacedores de maldad» (Mateo 7.15-23).

«PRESENTARTE» nos habla de responsabilidad personal. Es necesario autoexaminarnos constantemente para ver en qué condición estamos. Mírese en el espejo. ¿Qué ve? ¿Le agrada lo que ve? ¿Le agrada a Dios? Si la iglesia de Tiatira hubiera practicado este sencillo análisis, dudo que la influencia maligna hubiera entrado. El camino al éxito con

Dios requiere que nos examinemos constantemente. El efecto de la Palabra de Dios debe manifestarse en nosotros.

> Sed hacedores de la Palabra y no tan solamente oidores. Porque si alguno es oidor de la Palabra pero no hacedor de ella, éste es semejante al hombre que considera en un espejo su rostro natural… y luego olvida como era. Mas el que mira atentamente en la perfecta ley y persevera en ella será bienaventurado en lo que hace (Santiago 1.22-25).

«APROBADO» nos habla de recompensa personal. Todos deseamos llegar a esto y por la gracia del Señor, así será. Seremos recompensados por el testimonio interno al no descuidar lo sagrado del Señor en nosotros. También lo seremos por los resultados que se ven. Podemos tener la plena seguridad de que cuando hacemos conforme a lo que el Señor nos dicta, tendremos resultados dignos de su nombre y Él recibirá la honra y la gloria.

La promesa a esta iglesia fue: «Al que venciere y guardaré mis obras hasta el fin, yo le daré autoridad sobre las naciones» (Apocalipsis 2.26). Desde el principio el deseo de Dios ha sido el mismo: que obtengamos el éxito en la vida y aun más allá de ella. Ahora es el tiempo de practicar lo que seremos y lo que haremos en el Reino de Cristo: reinar con Él.

Es muy cierto que para obtener algo que tenga valor debemos pagar un precio. Pero miremos el premio: Reinaremos junto a Él. Si siente que en su ascenso en la escalera del éxito se le agotan las fuerzas, ponga su mirada en el Autor y Consumador de la fe. Él es quien está en la cima de la escalera. Ese Padre tierno y misericordioso le está diciendo que no desmaye, porque Él esta con usted. Siga adelante. La recompensa es suya.

Alguien ha dicho: «Si no sabes a dónde vas, no importa que camino tomes». Pero usted sí sabe. ¡Es el camino de Dios hacia el éxito!

Avance al próximo peldaño.

Quinta Promesa

5

SARDIS

Promesa de santidad

La ciudad se llama Veracruz en la República Mexicana. El muchacho de nuestra historia tenía solamente ocho años cuando su medio hermano lo violó. Aquella relación ilícita continuó por varios años hasta que el joven se convirtió en homosexual. Cuando la madre se dio cuenta de la situación, le dio dinero al chico, lo puso en un autobús y lo envió a la ciudad de México.

El joven hacía lo que tuviese que hacer para poder subsistir y pasaba muchos días en total oscuridad.

Un día se le acercó un hombre rico y lo llevo consigo para convertirlo en su amante. El joven vivió en esta condición por varios años hasta que el hombre murió dejándole una herencia de mas de 600 mil dólares. Con el dinero que heredó se fue a estudiar a Francia en las mejores escuelas de travestís. Su meta era regresar a México para operarse y vivir el resto de su vida como mujer.

En la misma ciudad donde nació abrió un club nocturno donde él era la atracción principal. Dice que lo hacía para avergonzar a su padre, al que mucho odiaba. Un día, desesperado y lleno de enfermedades venéreas, se dijo : «Si Dios no me cambia, me voy a quitar la vida».

Mientras caminaba por la calle, obsesionado con esta idea diabólica, unos hermanos de la iglesia se lo encontraron y le hablaron del amor de Dios que podía cambiarlo y hacer de él una nueva criatura. Él joven aceptó el mensaje, recibió al Señor como Salvador y comenzó una vida nueva de santidad.

Santidad quiere decir, «apartado, separado para Dios». Aquel joven, con todos los problemas de su vida previa, pasó a pertenecer al Dios del cielo. El Señor lo había escogido para hacerlo su hijo y darle esa vida nueva vida y guardarlo en ella. Prueba de que esto sucedió en aquel joven es que si usted viaja ahora por el sur de California a la ciudad de Escondido, encontrará a un pastor que una vez fue aquel joven. Hoy día alaba y glorifica al Señor junto a su esposa e hijos y es de gran inspiración a todo el que lo escucha. ¡Verdaderamente el Señor hace grandes maravillas! Él quiere transformar y renovar a todo aquel que en Él cree y hace su voluntad.

Sardis era una ciudad de renombre (Apocalipsis 3.1-6). Allí vivían personas de grandes riquezas, y seguramente muchos de ellos eran de la iglesia. Pero algunos habían confiado tanto en sus riquezas que se habían olvidado de la prioridad de guardar blancas sus ropas delante Dios. Habían dejado de mantener su vida limpia ante el Todopoderoso.

Precisamente por eso, Cristo les dice: «Yo conozco tus obras, que tienes nombre de que vives y estas muerto» (3.1). Hay gran peligro en guiarnos por nuestra reputación y aun creer lo que otros dicen de nosotros sin importarnos cómo nos ve Dios. Ellos son el perfecto ejemplo de los que se engañan a sí mismos.

El Señor nos dice: «Sé vigilante y afirma las otras cosas que están para morir; porque no he hallado tus obras perfectas delante de Dios» (3.2). Esta iglesia obviamente ha recibido cosas preciosas de Dios pero las ha descuidado y ahora esta propensa a perderlo todo. ¿En qué estado te encuentras? ¿Has cuidado de no perder lo que de Dios has recibido? ¿Te has guardado limpio en tu vida moral y espiritual? Además les dice: «Acuérdate pues, de lo que has recibido y oído, y guárdalo y arrepiéntete» (3.3).

Mire cómo el Señor los amonesta: «Acuérdate». Qué fácil olvidamos las cosas buenas. Parece que es más común recordar las cosas del pasado, que hacen que nos quejemos, que recordar las cosas buenas en el Señor que nos hacen regocijar. Yo tengo una oficina donde recibo mucha gente para consejería. Es rara la vez que llega gente a darme buenas noticias. Casi siempre se llegan con una queja o un problema. Es muy triste cuando culpan de sus problemas a otro o hasta al mismo Dios, y es triste porque uno no es un fracasado hasta que empieza a culpar a otros de sus problemas en lugar de aceptar responsabilidad de sus acciones.

Si pasaran más tiempo pensando en las cosas positivas

que Dios les ha dado, no se acordarían tanto de las cosas negativas que les ha tocado vivir.

Un gran escritor dijo: «La lección mas valiosa que he aprendido de la vida es que no debo lamentar nada». El Señor le dijo a aquella iglesia: «Acuérdate de lo que has recibido». En vez de lamentarnos, recordemos lo que hemos recibido de Dios, para no descuidarlo y perderlo. La santidad incluye no descuidar lo que de Dios hemos recibido.

Otra cosa: lo que de Dios hemos recibido no lo hemos comprado. Lo de Dios no se compra. Los hijos de Dios lo recibimos por gracia. Malgastar lo que hemos comprado es muy diferente a malgastar y descuidar lo que Dios nos ha dado.

En mi casa hay diferentes muebles que mi esposa y yo hemos comprado, pero hay un juego de recámara en particular que no nos costó ni un solo centavo y es el que más valor tiene para nosotros. Son muebles que mi madre nos obsequió y que antes de pertenecer a ella eran de mi abuela. Son preciosos y los cuidamos con el mayor esmero.

Eso mismo debemos decir de lo que Dios nos ha dado. No hay nada más precioso que nuestra salvación, que el Espíritu que en nosotros mora, que los dones y talentos que el Señor nos ha dado. No lo merecíamos, pero en su amor Dios nos lo entregó. Jamás debemos descuidarlos. ¡Jamás! Pero si no estamos alertos sí los descuidamos. Demasiados cristianos los descuidan como fue el caso de una familia de mi iglesia que el Señor había usado grandemente.

Habían recibido tantas bendiciones que eran testigos fuertes de su gracia y poder en toda la iglesia y en la vecindad donde vivían. Pero al igual que la iglesia de Sardis, comenzaron a olvidar las cosas que de Dios habían recibido. Poco a poco fueron poniendo más énfasis en lo que pensaban que les labraría un nombre, una buena reputación. El trabajo, los negocios, el dinero, las amistades de alta sociedad y la fama tomaron el lugar de Dios. No mucho después los vimos de nuevo metidos en el licor, en los placeres y fuera de los caminos del Señor. Terminaron divorciados. Los hijos se les descarriaron y alejaron de Dios. ¡Qué triste!

El Señor les dice: «Acuérdate de lo que has recibido, y ¡GUÁRDALO!» Más adelante en esta misma porción bíblica (3.11) dice: «Retén lo que tienes, para que ninguno tome tu corona». La clara indicación es que Dios ya tiene una corona (recompensa) apartada para cada uno de nosotros. Sin embargo, debemos retenerla y, para lograrlo, debemos vivir en santidad, apartados para Dios. Dios nos dice en su Palabra: «Sobre poco has sido fiel, sobre mucho te pondré,» (Mateo 25.21). Nos dice con esto que tiene muchas cosas apartadas para nosotros pero necesita ver nuestra fidelidad con lo que ya tenemos. Y las cosas que nos esperan son aun mayores que las que ahora tenemos. John Mason dice: «Cuente las bendiciones de Dios, no las descuente». Es probable que la persona que es malagradecida por lo que tiene tampoco será agradecida por lo que va a recibir.

> «*La ingratitud no tiene fin*».

Y finalmente les dice el Señor: «ARREPIENTETE». ¡Siempre hay esperanza con el Señor! El arrepentimiento viene después de hacer lo que Él les ha instruido que hagan; Acuérdate de lo que has recibido, guárdalo y después, arrepiéntete. Una vez que tú y yo hagamos este ejercicio no nos queda otra opción que con muchas lágrimas arrepentirnos delante del Señor por ser tan descuidados de lo mucho que de Él hemos recibido. Hemos manchado nuestras ropas blancas. Hemos descuidado lo sagrado. Hemos olvidado que somos llamados a santidad, eternamente apartados para Dios. El arrepentimiento genuino le abre la puerta a Dios para que pueda seguir obrando tal y como Él quiere. Dios es un Caballero. El no obliga a nadie a nada. El espera que vengamos a Él en arrepentimiento.

Para aquellos que están convencidos de que Dios no está al tanto de sus acciones, mire lo que dice en el versículo 4: «Pero tienes algunas personas en Sardis que no han manchado sus vestiduras; y andarán conmigo en vestiduras blancas [santidad] porque son dignas.» No hay duda, Él sabe lo que hacemos. Y a pesar del descuido de ellos Él les trae su promesa. Apocalipsis 3.5 dice: «El que venciere será vestido de vestiduras blancas; y no borraré su nombre del libro de la vida y confesaré su nombre delante de mi Padre y delante de Sus ángeles». Veamos lo que esta promesa significa para nosotros.

«El que venciere» nos recuerda de la tesis de este libro. Estamos escalando nuestra propia escalera hacia el éxito y para llegar a la cima debemos subir un peldaño a la vez. Escalar no es fácil. Demanda esfuerzo y sacrificio . Recuerde que al principio de nuestra escalera hay una cruz. Esta nos habla de sacrificio. Arriba nos espera una corona y es una distinción solamente para aquellos que vencen. La oportunidad la tenemos todos pero no todos lo logramos porque muchos nos damos por vencidos.

En los matrimonios muy a menudo se escucha: «Se acabó la luna de miel y llegó la noche de hiel». Aunque la frase parezca graciosa, la mitad de los matrimonios terminan en divorcio. Los matrimonios que terminan en divorcio tienen las mismas oportunidades para llegar al éxito que aquellos que si lo logran, con la diferencia de que el desánimo, la apatía o los problemas le ganaron la partida y lo vencieron. ¿Cómo se vence?

En las cosas del Señor lo primero que debemos hacer es mantenernos en oración constante. Cristo nos dice: «Velad y orad para que no entréis en tentación». La tentación obviamente es algo que nos puede desviar del camino recto de Dios. Nos puede engañar y hasta hacernos creer que lo que estamos haciendo está bien.

Una de las personas mas reconocidas por su ejemplo en el servicio al Señor y su alcance del éxito como resultado de ello es el Dr. Billy Graham También es conocido como el evangelista que ha predicado y ganado más almas para el Señor que cualquier otra persona en la historia de la Iglesia. Se le preguntó: «¿A qué se debe el éxito de su ministerio?» Su respuesta fue: «A tres cosas. Número uno, la oración. Número dos, la oración. Número tres, la oración».

> *«Nunca plante para el Señor lo que no va a regar con sus lágrimas».*

Me han preguntado muchas veces que a qué se debe el crecimiento de la iglesia bilingüe hispana más numerosa de los Estados Unidos, y siempre les contesto que la fuerza invisible del Templo Calvario es la oración.

¿Por qué es tan importante la oración? Primero, porque el Señor nos dice claramente que debemos llevar una vida de oración. Segundo, porque algo sobrenatural sucede en la persona que dedica su vida a la oración:

1. La oración nos transforma. Muchos se acercan al Señor por medio de la oración con la sola idea de que Él cambie su situación. Para el Señor lo más importante somos nosotros. El Señor sabe que si dejamos que Él nos transforme entonces nuestra situación en gran parte o por completo también cambiará.

2. La oración cambia las circunstancias de nuestra vida. Sí, es cierto, tenemos necesidades que solo Él puede solucionar y su Palabra nos dice que hagamos notorias nuestra peticiones a Él.

3. La oración da lugar a la intervención divina. Él nos dijo: «El que pide recibe, el que busca halla, el que llama se le abre» (Lucas 11.10).

Es muy importante que nuestros ojos se mantengan fijos en Él. «Él es el Autor y Consumador de nuestra fe» (Hebreos 12.2), y «sin fe es imposible agradar a Dios» (Hebreos 11.6). La iglesia de Sardis, como nosotros muchas veces, quitó su mirada de Dios y se desvió por el camino del pecado.

> *«Nunca venceremos si no mantenemos nuestra mirada en Él».*

La tragedia del Titanic ocurrió porque sus tripulantes e ingenieros pusieron toda su confianza en el barco y se llenaban la boca en decir con mucha seguridad que nada podría hundirlo. Ignoraron los avisos de peligro y hasta el último momento se aferraron a la vana ilusión de que aquel barco era infalible. Debido a esto tristemente mil quinientas personas encontraron su tumba en el medio del Atlántico. ¿En qué o en quién está puesta su confianza? ¿Sobre qué fundamento ha construido su vida? ¿Piensa que su confianza en las cosas que la vida le ofrece le darán los medios para vencer? Lamento decirle que se equivoca. Solamente Dios puede proporcionarle todo lo que necesita para guardarle santo (apartado para Él).

«El que venciere será vestido de vestiduras blancas». La promesa gloriosa de santidad son las vestiduras blancas. No hay nada que podamos hacer con nuestras propias fuerzas que nos haga santos y mucho menos mantenernos en santidad. Esa es una obra que solamente Dios puede hacer. La expresión «será vestido» se refiere a la acción continua que Dios hace en nuestras vidas.

Hay muchos que indudablemente se acuerdan de algún pecado que han cometido y tal vez se preguntan: «¿Podrá Dios perdonarme por eso que he cometido?» La respuesta la encuentra en este pasaje. Mire todo lo que esta iglesia había hecho contra Dios y aun así el Señor les ofrece una gloriosa promesa si deciden arrepentirse. ¡Arrepiéntase en este mismo instante! Pídale al Señor que lo perdone. Él le dice:«Con un poco de ira escondí mi rostro de ti por un momento; pero con misericordia eterna tendré compasión de ti, dijo Jehová tu Redentor» (Isaías 54.8).

El nombre Redentor viene de la palabra, redimir que quiere decir «comprar de nuevo .» Era suyo, lo perdió y ahora lo vuelve a obtener. Es como la historia del niño que hizo con sus manos un barquito y se fue al arroyo para jugar con él pero la corriente se lo llevó y se lo perdió. Pasaron días hasta que el niño fue a una tienda y vio su barquito en la vidriera. Le dijo al dueño de la tienda: Ese es mi barquito». Pero el dueño le dijo: «Yo lo compré. Alguien lo trajo aquí y yo pagué un alto precio por el. Si lo quieres, lo tienes que comprar.»

El niño se fue a casa y por mucho tiempo ahorró su dinerito. Finalmente tenía la cantidad para comprar su barquito. Se fue pronto a la tienda y compró su barquito que tanto extrañaba. Al tomarlo en sus manos, el señor de la tienda lo oyó decir: «Eres dos veces mío». Dios nos hizo, mas nosotros nos descarriamos, por lo que Cristo pagó el precio con su sangre y nos redimió, nos compró para que le perteneciéramos por siempre.

La promesa contiene más. Dice: «No borraré su nombre del libro de la vida». ¡Qué gloriosa promesa! Por la conducta de la iglesia de Sardis, Dios pudo haber borrado el nombre de la iglesia del libro que contiene los nombres de todos aquellos que han lavado sus ropas en la sangre del Cordero, pero Él dijo: «Si te arrepientes, no borraré tu nombre.» ¿Está tu ropa sucia? ¿Has manchado tus ropas blancas con la tinta del pecado? ¿Has ensuciado tu ropa con la basura de esta vida? ¡Arrepiéntete y acércate a Él y Él te perdonará! «El que a mí viene, no le echo fuera,» (Juan 6.37). También dice: «Si confesamos nuestros pecados, Él es fiel y justo para perdonar todos nuestros pecados» (1 Juan 1.9).

Y finalmente: «Confesaré su nombre delante de mi Padre y de Sus ángeles». ¡Esto se pone mejor! Aquí vemos a un Cristo lleno de compasión hacia los suyos. Con mucho amor les advierte de su condición de pecado y los anima a que cambien su vida y regresen a su estado original. Les promete cosas gloriosas y les dice: «Denme el orgullo de presentarlos ante mi Padre y los ángeles con mi cabeza erguida». (¡Esto es según la versión de Daniel de León, por supuesto!)

En todo esto vemos a un Dios que ha puesto todo de su parte por rescatarnos y entregarnos todo lo que tiene guardado para nosotros. Me hace pensar en nuestra condición como padres terrenales. Cuando nuestros hijos son desobedientes, los corregimos y muchas veces les decimos: «Si te portas bien de ahora en adelante te daré algo muy especial que tengo para ti». Ellos no tienen ni idea de lo que les estamos ofreciendo y la verdad es que como padres queremos darles todo lo mejor a nuestros hijos. En nuestro corazón ya es de ellos.

Si se detiene y mira podrá ver al Señor en la cima de la escalera diciéndole: «Sigue, no te des por vencido. No permitas que las tentaciones y pecados del mundo te desvíen. Sigue confiando en mí y espera la recompensa; una hermosa corona solamente para ti, hecha exactamente a tu medida».

Ya vas llegando a la cima. Este es el quinto peldaño. ¡Solamente te quedan dos más por subir!

Sexta Promesa

6

FILADELFIA

Promesa de liderazgo espiritual

«Lo que más me impresionó de la "colina del viento" fue que era mi oportunidad de tomar la delantera», dijo Erik Weihenmayer. Trataba de escalar la montaña más alta de Sudamérica, el famoso y peligroso pico del Aconcagua en Argentina. Aquella hazaña era de por sí un éxito enorme, pero que la realizara un joven totalmente ciego la hacía aun mayor.

A la edad de trece años, aquel joven se dio cuenta de que no podía ver bien por donde caminaba. No podía andar en bicicleta ni participar en los deportes de la escuela. En situaciones como esta, el consejo de los doctores a los padres es que se prepare mentalmente al joven para aceptar su situación. Hay que convencerlo de que jamás volverá a ser la misma persona, y que no podrá alcanzar las metas que había soñado.

En el caso de Erik fue diferente. Su padre lo retó a que retuviera sus sueños. Le hizo ver que había otra manera de alcanzarlos a pesar de su limitación. Dio resultado. Erik ha sido tan valiente que ha logrado escalar casi todas las montañas más altas del mundo. Solamente le resta la más alta, que es el monte Everest, pero piensa escalarla en 2001. «Cuando empiezo algo, sé que el potencial de fracasar está presente; pero eso me anima a aprender a hacerlo aun mejor. Hoy día mis amigos me ven como su líder a pesar de mi ceguera», dijo.

Nosotros también podemos escalar montañas, independientemente de nuestras circunstancias. ¡Podemos escalar la escalera del éxito! Ya en los primeros capítulos de este libro hemos hablado de las promesas que Dios ha dado a cada uno de los que se atreven a creer que «con Dios nada es imposible». Hasta ahora hemos visto cinco:

- Promesa de vida eterna
- Promesa de resurrección
- Promesa del maná escondido
- Promesa de su poder en nosotros
- Promesa de santidad

Y ahora nos promete que seremos instrumento de bendición a otros siendo líderes en su obra. Esta sexta promesa dice textualmente: «Al que venciere yo lo haré columna en el templo de mi Dios» (Apocalipsis 3.12). El sueño de todo ser humano es llegar a ser alguien en la vida, y en nosotros está latente la necesidad de triunfar y dejar impresa nuestra huella en este mundo. Dios fue quien puso esto en nosotros. Vayamos al diseño original (Génesis 1:26-31) y veamos el plan de Dios al crear al ser humano.

Primero dijo: «Hagámoslo a nuestra imagen y semejanza». El hombre es la única criatura hecha a la imagen de Dios. Todos sabemos que Dios no es un fracaso, por lo que sin vacilar decimos que el Señor puso el potencial del éxito en el diseño del hombre.

Segundo, le dijo: «Señoread … sojuzgad». Le dio al hombre madera de líder.

Tercero, Dios vio todo lo que había hecho, y vio a aquella hermosa criatura que era el hombre y dijo que todo aquella era bueno en gran manera.

A.W. Tozer dice: «Necesitamos el bautismo de la visión clara. Desesperadamente necesitamos líderes con visión profética. Si no ocurre pronto, quizás será muy tarde para esta generación». ¿A qué se refiere? Al hecho de que este mundo se encuentra envuelto en densa tiniebla, y que se necesitan personas que vean a través de esas tinieblas y nos guíen al éxito. El Dr. Billy Graham dijo: «Una nación no podrá subir más alto, ni ser más fuerte ni ser mejor que sus líderes. El mundo no es el que anda mal. El problema radica en la gente del mundo». Lo mismo se puede decir de la obra de Dios. La Iglesia carece de buenos líderes, y muchos de ellos están sentados en las bancas de la iglesia esperando que otros hagan su trabajo. Por eso Dios nos está llamando. ¿Qué nos detiene de ser ese líder que Dios está buscando? ¿Será que creemos que ese llamamiento de Dios no es para nosotros? No olvidemos que Dios no hace acepción de personas.

Alguien dijo: «Un líder es la persona que conoce el camino, anda en él camino y lo muestra». Dios nos dice en esta sexta promesa que ha puesto delante de nosotros una puerta abierta hacia innumerables oportunidad es de triunfo, y añade: «Aunque tienes poca fuerza, has guardado mi Palabra y no has negado mi nombre». Dios utiliza a las personas que conocen el camino y que a pesar de sus limitaciones son fieles a Dios y están dispuestos a servirle. Y para una persona así añade: «Yo le mostraré a tus enemigos que te amo … y te guardaré en el día de la prueba». Si somos uno de esos, podemos tener la plena seguridad de la presencia de Dios en nuestra vida y de su amor incondicional. Esto es algo que un líder debe saber y recordar siempre.

¿Por qué quiere Dios que seamos líderes? Porque en la escalera del éxito existe un peldaño que es el del servicio, y en él debemos servir como líderes. Además, el 80% de las personas son seguidoras por naturaleza y necesitan un líder. Es importante saber esto porque la Iglesia necesita líderes, porque la hora final se acerca. Como Cristo pronto vendrá, en estos tiempos la Iglesia necesita como nunca de hombres y mujeres que la puedan guiar. La carga de preparar al pueblo de Dios para que esté preparada para la segunda venida del Señor es grande. Por lo tanto, necesitamos líderes dispuestos, comprometidos y llenos de inspiración para dar dirección a otros. Necesitamos líderes que dejen impresas sus huellas como lo hicieron Moisés, Josué, Gedeón y otros.

> ## *«El 80% son seguidores; el 20%, líderes».*

El liderato es la fuerza que pone el plan de Dios en acción. Las personas siguen a individuos que las inspiran a seguirles, como fue el caso Jim Jones, el pastor suicida. Este señor había sido uno de los pastores de mayor éxito en los Estados Unidos, pero algo sucedió que lo desvió de la verdad. Influenciado tal vez por las drogas, comenzó a enseñar cosas raras y a desviar a su gente por caminos torcidos, alejados de la verdad. Su congregación lo siguió porque lo amaban y porque los había inspirado como líder. Fue tanta la fidelidad de aquella gente que estuvieron dispuestos a seguirlo, y lo siguieron hasta la muerte. El final fue trágico: más de novecientas personas (entre adultos y niños) se suicidaron

> ## *«El liderato es la fuerza que pone el plan de Dios en acción».*

¿Cómo es posible que esto suceda? Hay dos elementos en la respuesta que yo pudiera dar. El ser humano es primero un ser emocional y luego racional. Esto quiere decir que primero reacciona con sus emociones y luego con su mente.

Por otro lado, el caso de Jim Jones demuestra lo poderoso que puede ser un líder. El líder contagia a los demás. Por eso se necesitan líderes con temor de Dios. Un líder con temor de Dios puede traer buenos beneficio al pueblo de Dios. La Biblia dice que «no tendrán hambre ni sed, ni el calor ni el sol los fatigará; porque el que tiene de ellos misericordia los guiará y los conducirá a manantiales de agua» (Isaías 49.10).

La gente sigue a quien ha ganado su respeto y confianza. En el cristianismo el respeto se gana, no se demanda. Seguramente ha escuchado a alguien decir: «Esa persona demanda respeto, pero no me inspira a seguirla». El respeto y la confianza se logran procurando las varias características que un líder debe tener.

1. Es confiable. Lo que dice lo vive y además sabe hacia dónde va. No deja tras sí una vereda torcida. Puede decir como Pablo: «Sígueme como yo sigo a Cristo». La gente lo sigue porque nota que no reacciona de acuerdo a sus emociones sino de acuerdo a la razón.

2. Es honesto. La honestidad es una virtud admirable. Hoy en día a los líderes se les conoce más por los escándalos que desatan que por sus virtudes de integridad y honestidad. Varios sicólogos de los Estados Unidos han declarado que el expresidente Clinton es un «sociópata», y como tal no puede decir la verdad. ¡Qué lástima! No se podía confiar en la persona que era considerada el hombre más poderoso del mundo. Lo triste es que muchos que se consideran líderes en la Iglesia también carecen de honestidad y nos encontramos perdidos en un mar de inseguridad.

El presidente al que hasta hoy se le recuerda con el mayor respeto en la historia norteamericana fue Abraham Lincoln. El presidente Lincoln no se destacó por su gran elocuencia, ni como un gran orador pues ciertamente no lo era dado a su poca experiencia como líder político. Este hombre se caracterizó y fue respetado por su integridad y honestidad. Y esto fue el motor que le permitió guiar al país en la hora más crucial de la historia del mismo. Lo llamaban «Abraham el Honesto».

> *«La honestidad inspira seguridad».*

3. Es transparente. Es una persona que se da a conocer y no se esconde tras las máscaras. Es franco y vive su vida como los pececitos en un tanque de cristal. Todos pueden verlo y conocerlo.

Se dice que todos conocían a Alejandro el Grande, y que inspiraba a sus soldados a tener una relación personal con él a pesar de que era el gran general. Se dice que había un soldado en su escuadrón que tenía reputación de mentiroso e irresponsable y se llamaba Alejandro. La historia nos dice que un día el General lo llamó a su presencia, lo amonestó y le dijo: «Cambia de conducta o cambia de nombre».

> *«El líder se conoce por su conducta»* .

4. Trata de igual a igual. Las personas que lo siguen lo ven como uno de ellos. A la gente les disgusta un líder que los mira como inferiores. No confían en nadie que los quiera usar como escalón. En cambio, siguen al líder que pueden llamar «uno de nosotros». ¿Se ha fijado cómo algunas personas cambian tan pronto se les da una posición de autoridad? Sin embargo, Cristo dijo a los suyos: «Ya no os llamare siervos … os llamaré amigos» (Juan 15.15).

Hay una anécdota muy interesantes que tiene como marco la guerra de independencia norteamericana. Se dice que en una ocasión se encontraba un soldado tratando de remover un árbol pesado que estorbaba el camino donde pasaban los caballos. En eso apareció un hombre a caballo que se bajó y le ayudó a mover el obstáculo. De pronto no se dio cuenta, pero luego supo que aquel hombre era el gran general Washington, el que luego llegó a ser el primer presidente de los Estados Unidos.

Evita Perón era del pueblo y nunca lo olvidó. Siempre luchó por ellos y por eso la gente la quiso tanto a pesar de su reputación.

> «El líder y el pueblo son uno».

5. Es alguien que sirve a los suyos. El modelo para todos los que desean servir en la Iglesia del Señor es el siguiente: «He venido a servir y no a ser servido». A veces los que sir-

ven en la Iglesia están sirviendo a la organización y no a la gente. Son líderes del grupo, pero no del individuo.

Hay un balance crítico en el liderato de la Iglesia: tenemos que guiar mientras seguimos. Suena paradójico, pero es el patrón bíblico. Pablo pidió que lo siguieran como él seguía a Cristo. Jesús dijo: «No he venido hacer mi voluntad, sino la de mi Padre». Podemos decir que Él se protegió haciendo la voluntad de su Padre. Nosotros tendremos que hacer lo mismo. Para ser buenos líderes tendremos que ser seguidores.

> *«El buen líder es un buen seguidor».*

La gente sigue a quien los ayuda a realizarse. Cada hijo de Dios tiene un enorme potencial para ser un líder sabio. Es un líder sabio el que reconoce esto y hace todo lo posible para llevar a sus seguidores a desarrollar todo su potencial. (Lea mi libro, *10 Secretos para desarrollar su potencial*.) Aprendamos esto de nuestro Dios. Él es un líder que piensa en nosotros y provee todo lo necesario para nuestro desarrollo. Veamos cómo lo hace.

1. *Siempre está presente*. Para que aquellos que lo sigan puedan llegar a su potencial, necesitan un mentor a su lado. El gran secreto para llegar a ser un buen líder es el entrenamiento. No basta con enseñarles, hay que enseñarlos a hacer la obra. Enseñar es comunicar teorías. Entrenar es ayudar a

llevar a la práctica lo que se ha enseñado. Por eso el Señor nos prometió: «Nunca os dejaré … nunca os desampararé».

Es interesante leer los últimos versículos de Mateo y Marcos. Mateo 28.20 dice: «He aquí yo estoy [siempre presente] con vosotros». Marcos 16.20 dice que aquellos discípulos predicaron en todas partes con la ayuda del Señor. El Buen Pastor (el Gran Mentor) estuvo con ellos para asegurarles el éxito.

2. *Siempre guía*. Cuando el Señor Jesucristo se iba, como sabía que sus discípulos lo iban a necesitar todos los días en su empeño de hacer la obra que Él les había encomendado, les dijo: «No os dejaré huérfanos; vendré a vosotros (Juan 14.18). Cuando se fuera, enviaría al Espíritu de Verdad en su lugar. Este los guiaría a toda verdad y justicia.

El cuadro que se nos presenta es el del pastor de ovejas en el mundo oriental de los tiempos de Cristo. El pastor de las ovejas iba siempre delante de ellas para asegurarse de que no se desviarían por caminos peligrosos. Si vamos a triunfar como líderes hoy en día, tendremos que revivir la imagen del Pastor de Ovejas por excelencia: Jesucristo.

3. *Capacita a sus seguidores*. Lo equipa y capacita al derramar su Espíritu sobre el líder. Para asegurarse de que tenemos todo lo necesario para realizar la obra que Él nos ha encomendado, deposita su Espíritu en nosotros. Esto hace surgir en nosotros algunas cosas muy características del cristiano fiel:

- *Fruto del Espíritu*. Es el desarrollo del carácter de Cristo en nosotros: «amor, gozo, paz, paciencia, benignidad, bondad, fe, mansedumbre, templanza; contra tales cosas no hay ley» (Gálatas 5.22-23). Lo más importante que se puede hacer para una iglesia es que cada uno de sus miembros se reproduzca en otros. El líder produce líderes; el discípulo produce discípulos.

* *Dones del Espíritu.* Con ellos Cristo te da el poder para hacer Su obra. Con el Fruto y los Dones, Cristo trabaja a través de usted para alcanzar sus propósitos. Muchas veces vemos que unos cuantos en las iglesias lo hacen todo. Esto no es lo que el Señor quiere. Por eso ha puesto en la escalera al éxito un peldaño que asegura que sus seguidores puedan llegar a ser columnas fuertes en la Iglesia.

4. *¡Le exalta!* ¿Se ha fijado como nos llama el Señor? «Nación Santa, pueblo escogido, real sacerdocio». Siempre usa un lenguaje positivo cuando se dirige a los suyos: «Mi hijo, hijitos míos, amados de mi Padre, reyes y sacerdotes» y la lista sigue.

Un himno antiguo dice: «Seguridad me dio Jesús cuando su mano me extendió … En su bondad me levantó» El profeta Jeremías dijo: «Me sacó del lodo cenagoso». Las personas a las que Dios ha tocados dan testimonio de que Él nos levantó; estábamos perdidos en los vicios y Él nos tomó de la mano y puso nuestros pies sobre la roca firme.

Hemos llegado al penúltimo de los peldaños y solamente nos queda uno. Como siempre sucede, parece que cuando ya estamos llegando al final de la jornada, se pone más difícil el camino. Nos damos cuenta de que el Señor no solamente quiere rescatarnos del pecado y darnos una vida nueva, sino que quiere que le sirvamos. Hay un trabajo que realizar. Es fácil estar conformes con el primer peldaño, pero ese no es el plan. Dios quiere que hagamos algo con lo que hemos recibido.

Un cristiano activo es un cristiano alegre; un cristiano apático es un cristiano decepcionado. ¿En cuál de esas categorías se encuentra usted? Cuando conoció al Señor seguramente le resultaba fácil trabajar y servir al Señor. Quizás ahora se siente decepcionado y desanimado. ¿Qué debe hacer? Pues regresar al primer amor y volver a ser activo en la obra de Dios.

Sigamos al próximo peldaño.

Séptima Promesa

7

LAODICEA

Promesa de reinar con Él por la eternidad

Hemos llegado al último peldaño de la escalera del éxito. Aquí Dios nos amonesta igual que lo hizo con la iglesia y nos muestra que para poder llegar a la meta debemos corregir algunas cosas.

Los cristianos de Laodicea no habían llegado todavía a la condición de tibieza en su forma de servir al Señor. Sus obras, sin embargo, reflejaban falta de convicción cristiana. El Señor les recuerda: «Dices que tienes de todo y que no necesitas nada, pero la realidad es que te falta de todo». Qué interesante es cómo ve el hombre las cosas y cómo las ve Dios; el hombre «tibio» se ve próspero, pero Dios lo ve «desventurado, miserable, pobre, ciego y desnudo».

Nada desvía más al hombre de las cosas de Dios que la prosperidad. La amenaza más grande a una vida de devoción al Señor no es la pobreza sino la prosperidad. He visto a muchos que han llegado al Señor solamente con lo que llevaban encima. En el transcurso de su caminar con el Señor fueron renovados y prosperados, pero lentamente se fueron enfriando y cayendo en un materialismo que los alejó de las cosas de Dios. Dice la Palabra: «El amor al dinero es la raíz de todos los males» (1 Timoteo 6.10).

El hombre se engaña a sí mismo creyendo que sus bendiciones materiales son la medida de la bendición de Dios. No es cierto. Sí, Dios quiere prosperarnos, pero siempre y cuando usemos las riquezas para adelantar su obra aquí en la tierra. El Señor dijo: «No os hagáis tesoros en la tierra … sino haceos tesoros en los cielos… Porque donde esté vuestro tesoro, allí estará también vuestro corazón» (Mateo 6.19-21). El problema de los cristianos de Laodicea no era la prosperidad, sino el hecho de que habían olvidado el porqué de su existencia aquí en la tierra y confiaban solamente en sus riquezas.

En el camino al éxito de Dios se nos enseñan formas de eludir esta trampa. Tenemos que seguir sus instrucciones. Dios nos promete autoridad y bendición, pero también nos habla de santidad y responsabilidad. Nos exhorta a ser fieles, a actuar como espera que siempre actuemos. A casi todas las iglesia les dice: «Pero tengo una cosa contra ti…», que quiere decir que algo debían corregir si esperaban alcanzar lo que quería darles. A esta iglesia en particular le dice: «Yo reprendo y castigo a todos los que amo; sé pues celoso y arrepiéntete».

La promesa del Señor a esta iglesia es: «Al que venciere le daré que se siente conmigo en mi trono, así como yo he vencido, y me he sentado con mi Padre en su trono» (Apocalipsis 3.21). Esta promesa describe el deseo del Señor de que los suyos reinen con Él. La vida del Señor siempre empieza con la «Cruz» pero nos lleva a la «Corona.» ¡Este es el CAMINO AL ÉXITO!

El gran predicador Charles F. Retterin dijo: «Espero vivir el resto de mi vida en el futuro, y quiero asegurarme de qué clase de futuro me espera. Por eso planeo todas las cosas». Una vida triunfante en el Señor es una vida planeada. Nada ocurre por accidente. Todo es el resultado de alguna decisión que hemos tomado. Uno de los presidentes de los Estados Unidos dijo una vez:«El futuro lo compra el presente». Lo que hacemos hoy determina en gran manera nuestro futuro.

Dwight D. Eisenhower, otro presidente de los Estados Unidos, dijo: «Ni el sabio ni el valiente se acuesta en los rieles de la historia esperando que el tren del futuro lo aplaste». Claro que no. Dios nos ha dado voluntad y fe para decidir nuestro futuro; voluntad para decidir, fe para creer que con Dios todo es posible. Dios no espera que tengamos fe por lo que hemos recibido, sino que tengamos fe para recibir lo que Él nos ha prometido. Segundo, la motivación y certeza de nuestra peregrinación es saber que no somos de esta tierra.

En 1 Corintios 10.1-11, Dios toma al pueblo de Israel como ejemplo para recordarnos que no debemos dejar de proseguir a la meta de Dios de reinar con Él por correr tras las tentaciones que en la vida tenemos. En los primeros cinco versículos Pablo dice: «No quiero hermanos que ignoréis que nuestros padres todos estuvieron bajo la nube, y todos pasaron el mar; y todos en Moisés fueron bautizados … y todos comieron el mismo alimento espiritual y todos bebieron la misma bebida espiritual que los seguía, y la roca era Cristo. Pero de los más de ellos no se agradó Dios». ¿Cómo puede ser eso?, seguramente te preguntarás. Fue así porque se involucraron demasiado en las cosas de este mundo y perdieron de vista la tierra prometida. Para que no se nos escape el mensaje, Pablo añade: «Mas estas cosas sucedieron como ejemplos para nosotros y están escritas para amonestarnos a nosotros».

¿Qué nos librará de caer en la misma trampa? La fe, que es «la certeza de lo que se espera y la convicción de lo que no se ve» (Hebreos 11.1). Los que aparecen en las páginas de la Biblia como héroes de la fe fueron personas como usted y yo que prosiguieron a la meta a pesar de las dificultades. Yo me gozo en escuchar a los ancianos que han sido fieles al Señor por muchos años que dicen: «A pesar de los problemas, he tenido paz». Cuando aconsejan a los jóvenes les dicen: «No te preocupes. Todo saldrá bien». Son palabras de madurez espiritual. ¿Cómo llegaron allí?

Vayamos a una porción bíblica que nos ayudará mucho a llegar a nuestra meta de reinar con el Señor por la eternidad: Hebreos 11.13. Este pasaje dice:

Conforme a la fe murieron todos estos sin haber recibido lo prometido, sino mirándolo de lejos, y creyéndolo, y saludándolo, y confesando que eran extranjeros y peregrinos sobre la tierra.

Veamos con detenimiento lo que dice el autor de Hebreos.

«Mirándolo de lejos». ¿Qué veían que los inspiraba a seguir a pesar de sus dificultades y de no haber recibido lo prometida? Veían la ciudad celestial y el final de su jornada. Por fe ya habían visto la ciudad cuyo arquitecto es Dios, y se pasaron la vida caminando hacia ella. Por supuesto, esto nos habla de «visión», que es una manifestación sobrenatural que contiene una revelación de Dios. Esta gente vio algo con sus ojos espirituales.

Eso fue lo que los cristianos de Laodicea nunca vieron; y si lo vieron, quitaron la mirada de lo que habían visto y corrieron tras los bienes que habían acumulado. Se les enfrió la visión. Por eso Cristo les dice: «Unge tus ojos con colirio, para que veas» (3.18). Como dijo alguien, «una cosa es emprender la jornada y otra es terminarla». La visión siempre comienza con Dios; y si Dios nos la da, es que porque sabe que podemos completarla. El Señor desea que lleguemos y nos dice: «Al que venciere, le daré que se siente conmigo».

¿No cree usted que sería una tragedia que después de «ver» lo que El Señor desea para nosotros quitáramos la vista de la meta y lo perdiéramos? Ni por un momento podemos descuidar lo que nos dice: «Vengo pronto; retén lo que tienes para que ninguno tome tu corona». Él quiere llevarte de la «cruz» a la corona» (Apocalipsis 3.11).

«Creyéndolo» Es decir, tenemos que estar persuadidos, convencidos. Una cosa es ver algo y otra cosa es creerlo. Un ateo le dijo a un cristiano: «Muéstrame a Dios y creeré que existe». Y el cristiano le respondió: «Pruébame que no existe y creeré que no existe». Hebreos 11.:6 dice: «Sin fe es imposible agradar a Dios; porque es necesario que el que se acerca a Dios crea que le hay, y que es galardonador de los que le buscan».

Ahora bien, uno no puede creer sin que Dios le dé la fe. Dios nos da la fe para creer y luego nos da su Palabra para que incremente esa fe. Dios lo ha provisto todo. Recibámoslo, hagámoslo nuestro y practiquémoslo.

También, uno debe creer que Dios es galardonador de los que le buscan. Cristo advierte una vez más a aquellos cristianos de Laodicea que están confiando en las cosas materiales que Él tiene algo mejor para ellos: una corona. Si hay algo que debe motivarnos a proseguir, debe ser el galardón que Cristo nos ofrece. Es algo que no se compra con dinero, sino que se recibe como un regalo.

«Saludándolo». Esto quiere decir «abrazándolo y aceptándolo». Implica dos cosas. Primero, implica que es cuestión de recibir por fe lo que Dios nos da como regalo. No lo merecemos. No es la recompensa por algún esfuerzo personal. Lo recibimos por gracia. Muchos de nuestros hermanos luchan porque piensan que tienen que hacer ciertas cosas para me-

recer las bendiciones de Dios. Lo único que debemos hacer es recibir por fe lo que Él ofrece. Lo recibimos en base a los méritos de Jesucristo.

Segundo, implica que tenemos que apropiarnos de ello, hacerlo nuestra propiedad. Aquella gente veía la ciudad de Dios y continuamente la saludaban, diciendo: «Es nuestra. Dios nos la dio».

«Confesando». En el original griego, esta palabra expresa o da idea de repetición. Aquella gente confesaba la misma cosa continuamente: «Somos extranjeros y peregrinos sobre la tierra» (Apocalipsis 11.13). A lo que el escritor agrega: «Los que esto dicen, claramente dan a entender que buscan una [patria] mejor, esto es, celestial» (11.14,16).

Una vez que vea lo que el Señor ha preparado para usted, por fe lo cree, lo saluda y lo confiesa continuamente. Así nada lo desviará de alcanzar la meta: «Reinar con el Señor para siempre». Dios se regocija con esto. En efecto, el versículo 16 termina diciendo: «Dios no se avergüenza de llamarse Dios de ellos; porque les ha preparado una ciudad».

Mi querido lector, prosiga hacia la meta. La escalera del éxito demanda lo mejor de nosotros. Requiere esfuerzo de nuestra parte subir una escalera, pero debemos proseguir porque al final, en el último peldaño, está nuestra recompensa. Cristo dijo: «El Reino de los cielos ha venido avanzando contra viento y marea, y los que se esfuerzan logran aferrarse a él» (Mateo 11.12, Nueva Versión Internacional). No hay lugar en el Reino para los flojos ni para los cobardes, porque la recompensa, merece lo mejor.

El Hermano Pablo, de fama internacional por su programa radial «Un Mensaje a La Conciencia» dice:

No se permite el lujo del pecado en la vida del ministro de Dios. El tesoro más grande que usted tiene es su testimonio, su pureza, su integridad. Guárdelo como un diamante, limpio, y que nada, lo manche … Los desafío a que seamos cada día mejores siervos del Señor. [Los desafío] a ser líderes moldeados por el Señor bajo su gracia y unción (COICOM 1996).

Conclusión

El final del día había llegado y los pescadores regresaban con sus redes vacías a la orilla del mar. Allí estaba Jesús observando detenidamente la barca de Pedro. Acercándose al pescador, le pidió la barca para usarla como plataforma para poder predicar a la multitud. Después de haberlo hecho, le dijo a Simón y a sus amigos: «Boga mar adentro, y echad vuestras redes para pescar» (Lucas 5 .4).

¿Cuál fue la primera actitud de Pedro ante estas palabras? Lo lógico: «Maestro, toda la noche hemos estado trabajando, y nada hemos pescado; mas en tu palabra echaré la red».

Con su gran sabiduría, el Maestro había ido avanzando paso a paso hacia el logro del propósito que tenía con Pedro. Primero observó las circunstancias en que el pescador estaba viviendo. Luego le pidió su barca para hablarle a la gente y, lo que es más importante, para hablarle a Pedro mismo.

Luego de oír las palabras de Jesús, el corazón de Pedro se había abierto; pero cuando Jesús le dijo que echara la red para pescar, con una actitud negativa intentó demostrarle que aquello sería un error. Finalmente accedió a hacerlo basado únicamente en las palabras del Maestro.

Si el Divino Maestro nos pide que echemos la red a la mar más profunda, ¿cuál es nuestra reacción normal? «Señor, si aquí en la orilla es difícil, ¿cómo quieres que eche la red en la mar profunda? Allí no hay peces. Lo sé».

Nos cuesta tomar decisiones que nos comprometan y nos demuestren que cuando el Señor nos dice algo, ciertamente es para nuestro bien. Pedro finalmente echó la red y pescó tanto que la red casi se rompe.

Quizás ya te es obvio que el tema principal de este libro es que Dios quiere llevarte de lo inferior a lo superior. La tendencia del hombre es escoger lo inferior especialmente frente a una derrota como la que Pedro acababa de experimentar. Aquí el milagro más grande no fue la pesca en sí, sino Pedro.

En este libro hemos visto cómo «las siete iglesias» tenían una situación similar. En el caso de ellas, el problema no radicaba en que estaban derrotados sino en que no veían las faltas y pecados que habían cometido. Por supuesto, esto las había llevado al fracaso. El Señor Jesús les llama la atención y les hace ver lo importante que es lo que habían abandonado.

Si aplicamos las lecciones que aprendemos de cada una de estas iglesias al individuo, podemos concluir lo siguiente: Dios tiene para cada uno de nosotros algo mejor de lo que jamás pudiéramos imaginar. Los logros que obtenemos por nuestra propia fuerza, por grandes que puedan parecer, son inferiores cuando se comparan a los que Dios nos ofrece.

	LA ESCALERA DEL ÉXITO		
Capítulo	*La tendencia humana*		*La Respuesta de Dios*
1.	Hemos sufrido	Basta ya	Has perdido tu primer amor
2.	Hemos sido fieles	El peligro nos amenaza	Se fiel hasta la muerte
3.	Tenemos buen nombre	No seamos tan fanáticos	Arrepiéntete
4.	Somos mejor que antes	La tolerancia de lo malo	Retén lo bueno y crece
5.	Estamos bien	Olvidar lo que aprendimos	Necesitas limpiarte
6.	Hemos guardado tu Palabra	Descuidar la vigilancia	Hay mucho más
7.	Soy mi peor enemigo	Segamos lo que sembramos	Piensa en el futuro

Cristo vino a sacarnos de nuestra condición humana. Estábamos perdidos por causa del pecado. El pecado es errar la marca. Dios creó al hombre para triunfar en la vida, pero el hombre escogió el camino equivocado y llegó a un estado de perdición: sin Dios y sin rumbo en la vida.

Recuerdo una historia que de niño nos contaban en la Escuela Dominical. Se dice que un niño se encontraba en el segundo piso de su casa mirando hacia afuera cuando de pronto observó que el vecino, que era un hombre malo, preparaba una trampa para los pajaritos que, alegres y felices, volaban cantando melodías a Dios.

De pronto apareció un pajarito, atraído por los pedacitos de pan que había puesto el hombre malo para atraparlo. Lo que el pajarito no sabía era que mientras más comía las migajas de pan, más se acercaba a la trampa, que era una caja que el malvado cerraba en el momento en que el pajarito se encontraba debajo.

Así fue. El pajarito comió las migajas hasta que se situó debajo de la caja. El malvado haló el cordón que mantenía abierta la caja, la que cayó sobre el pajarito y lo atrapó. El pajarito se volvió loco tratando de salir, pero le fue imposible. No sabía salir y no tenía fuerza para quitarse de encima la caja.

El malvado se acercó entonces y tomó el pajarito y lo encerró en una jaula que tenía preparada para él. Aquel hermoso pajarito que Dios creó para volar libre estaba atrapado.

El niño, que lo había visto todo, gritó y saltó dándole instrucciones al pajarito para que no cayera en la trampa, pero el pajarito no pudo entenderlo. Aun después de estar en la jaula, el niño le trataba de decir cómo abrir la puerta de la jaula para escapar y volver a volar en libertad. El niño se entristeció mucho. Pensaba: «¡Si pudiera comunicarme en el "idioma" de los pájaros para darle decirle cómo escapar de esa jaula!» El niño llegó a la conclusión que de la única manera de comunicarse con el pajarito era convertirse en pájaro.

Por supuesto que el niño no pudo hacerlo, pero Dios si lo hizo. Viendo que el hombre, al igual que el pájaro, se encontraba en «la jaula del pecado» a pesar de haber sido creado para «volar y ser libre», se hizo hombre para poder decirnos en nuestro «idioma» cómo salir de la jaula del pecado.

Una vez que nos saca de la jaula del pecado, nos recuerda que fuimos creados para remontarnos y no arrastrarnos. Desde un principio Dios había hecho al hombre para que fuera príncipe de la creación, con plena autoridad y dominio. Una vez que estamos fuera de la jaula, nos instruye mediante su Palabra hasta que alcancemos el diseño original.

En el mensaje de Apocalipsis 2 y 3 encontramos los pasos a dar para llegar a la meta. Yo le llamo la escalera del éxito.

> «La vida es una jornada que se
> saborea en el camino»

Nancy Sim (Register, Oct.-00), escribió:

No debes menospreciarte al compararte con otros. Si somos especiales es precisamente porque somos diferentes.

No establezcas tus metas por lo que otros consideran importante. Tú solamente conoces lo que es mejor para ti.

No descuides lo que más cerca de tu corazón está. Aférrate a ello como lo haces con tu propia vida porque sin ello la vida carece de significado,

No permitas que la vida se te escape por entre los dedos por empeñarte en vivir en el pasado.

Vive un día a la vez y vivirás todos los días de tu vida.

No te des por vencido mientras tengas algo que dar. Nada ha terminado hasta el momento en que te das por vencido.

No temas correr riesgos. Al correr riesgos aprendemos a ser valientes.

No alejes de tu vida el amor diciendo que es imposible encontrarlo. La mejor forma de encontrar amor es dar amor; la forma mas fácil de perderlo es querer retenerlo ; y la mejor manera de retenerlo es darle alas.

No abandones tus sueños; vivir sin sueños es vivir sin esperanza; vivir sin esperanza es vivir sin propósito.

No pases por la vida tan rápido que olvides de dónde saliste y no puedas recordar hacia dónde vas.

La vida no debe correrse como una carrera. Es una jornada que se debe saborear a cada paso que damos.

Cristo te dice: «Prosigue hacia la meta; no dejes que nadie tome tu corona». En los mensajes que dio a cada iglesia, el Señor nos está señalando el camino que nos llevará al éxito. Nos lo da en peldaños. Nos da *la escalera del éxito*.